CD付き

アコギに必要な音楽理論を
理解 ➡ 整理 ➡ 反復 の3ステップで身につける本

著・演奏 野村大輔

Rittor Music

本書について

●こんな人にオススメ

- なんとなく音楽理論の必要性を感じている人
- なかなかコードが覚えられないギタリスト
- オリジナル曲を作ってみたいと思っている人
- バンドやセッションにも参加してみたい弾き語り派ギタリスト
- 理論は疎いが、長年の勘でその場をしのいできたベテラン
- ジャズやボサ・ノヴァなのどオシャレ系音楽にも興味のある人
- ソロも弾いてみたい貪欲なアコギ・プレイヤー
- ギターを教えることにも興味のあるベテラン・アコギ弾き

●本書を用いた理論習得の裏ワザ

1. まず、本書をササッと読みとおす
2. この時、ギターは弾かない
3. 時間がなければ1～2章を読むだけでOK
4. これにより"学ぶべき要点"が理解できる
5. 次からが本番。もう一度、本書を読み直す
6. この時、ギターの練習も行なう

要点を理解しているため、吸収が早くなる!

本書は1コーナーが3ステップとなっています。
ここでは、その流れを見ていきましょう。

STEP ❶ 理解 →仮想シチュエーション

音楽理論を知らないと困る場面をストーリ仕立てで解説。

STEP ❷ 整理 →理論解説

Q&Aで理論を解説。要点の整理により、理解が早まり、記憶が定着。

STEP ❸ 反復 →理論学習エクササイズ

譜例で反復練習。記憶のアウトプットにより、音楽理論が定着。

音楽理論がシュルシュル身につく！

レイアウトの見方

STEP 1 理解 ┄┄→ 仮想シチュエーション

音楽理論が苦手なアコギ弾きのAさん。その彼が演奏現場での苦闘をストーリー仕立てで解説。さらに、理論が苦手な人の演奏（Aさんの演奏）と、理論がわかる人のプレイを譜面とCD音源で確認します。これにより、音楽理論の有用性が"理解"できます。

なお、これらの譜例は練習する必要はありません。CD音源を聴きながら譜面を眺めるだけでOK。

・**仮想シチュエーションによるストーリー**
理論を知らないと、どのような点で困ってしまうのかを把握しましょう。

・**理論がわからない人のプレイ**
理論が苦手なAさんの演奏。イマイチな演奏の見本です。

・**理論がわかる人のプレイ**
理論を知っていれば、このような演奏になるという見本。

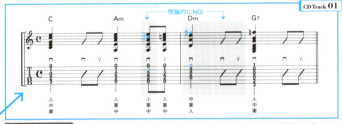

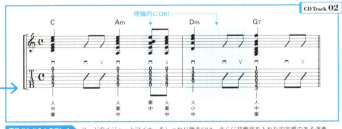

本書は、1項目が4ページ（2見開き）完結で構成されています。
ここでは本書のレイアウトについて解説します。

STEP 2 整理 ········→ 理論解説

音楽理論を習得するための作業の大部分は暗記です。よって暗記の前に、要点を"整理"しましょう。この作業により、記憶が安定しやくなります。なお、解説文は読みやすいQ&A形式です。さらに図解により、音の仕組みが視覚的にも理解できます。

・Q&A
難しくなりがちな音楽理論を、理解しやすいQ&A方式で解説。

・図やダイアグラム
音を図形化して解説しています。

レイアウトの見方

STEP 2 の続き

・**Q&A**
あとからの読み直しにも便利な
Q&A方式です。

・**まとめ**
特に注意すべき点をリストアッ
プしました。

す。そうするとコードCやコードAm、ほか
にもコードDm7(9)なんてコードにも当ては
まってしまうのです。

　ここで視点を変えて、図形を例にします。
2点しかなければ直線ですが、3点あれば形
がわかりますよね？　ドとミとソの3音あれ
ば、コードCの形だと簡単に確定します（図
4）。なお、この3音のコードのことを音楽
用語で「トライアド」と言います。トライアン
グルも3角で、トライ(Tri)が3の意味です。

図5：CとCmの違い

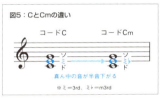

コードが明るいか暗いかは真ん中の音が決
定権を持っています。ここで音の間隔を確認
してみましょう（図6）。

　明るいコードの場合はドからミまでが2.0
音間隔です（ミからソまでは1.5音間隔）。次
に暗いコードはドからミ♭＝3rdまでが1.5音
間隔（ミ♭からソまでは2.0音間隔）。

　どちらのコードもドからソまでは同じ間隔
ということも確認して下さい。

図4：コードに3音が必要な理由

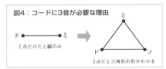

メジャー・コードと
マイナー・コードの基本ルール

Q 明るいコードと暗いコードを決める音は
どこにあるですか？

A ド・ミ・ソだと明るい響きのコードです
よね。一方、真ん中のミの音が半音低くなる
と暗くなり、コードCmになります（図5）。
この時、ドとソはまったく変わっていません。

図6：音の間隔の確認

※2.0音＝フレット4個分、1.5音＝フレット3個分

まとめ
- 3和音（トライアド）がコードの原則です
- ルートから真ん中の音が2.0音＝メジャー・コード
- ルートから真ん中の音が1.5音＝とマイナー・コード

STEP 3　反復 ┄┄┄→ 理論学習エクササイズ

音楽理論の習得に特化した譜例を用意しました。理解したことや記憶したことを"反復"してアウトプットすることにより、音楽理論が定着するようになります。

・理論学習用のエクササイズ
反復練習に最適なサイズにまとめました。理論学習用の練習なので、スムーズに弾ける必要はありません。

・攻略ポイント
ここに示した要点を意識しながら練習しましょう。

CONTENTS

序章 譜面についての基礎知識

- 14 ト音記号とヘ音記号の法則
- 15 シャープ、フラット、ナチュラルの決まりごと
- 16 ドレミで学ぶ半音・全音の違い
- 17 ピアノでチューニングすると音が合わない?!
- 18 音の長さを表わす記号と仕組み
- 19 これは便利！ リズム譜による表記
- 20 拍子記号の意味や決まりについて
- 21 タブ譜の構造や表記の確認
- 22 五線譜からキーを判別する方法
- 23 カポの利点と活用方法
- 24 反復記号を把握する　～その1～
- 25 反復記号を把握する　～その2～
- 26 音の距離を示す単位、度数の仕組み

第1章 コードの仕組み

- 28 メジャー・コードとマイナー・コードの構造的違い CD Track 01〜03
- 32 3種類の音で作られるコードの仕組みについて CD Track 04〜06
- 36 4種類の音で作られるコードの仕組みについて CD Track 07〜09
- 40 やや特殊なコード 〜これまでのコードの変形版〜 CD Track 10〜12
- 44 分数コードを理解し、コード進行の魅力をアップ CD Track 13〜15
- 48 テンション・コードの覚え方・使い方 CD Track 16〜18
- 52 オープン・コードで広がりのあるサウンドを構築 CD Track 19〜21
- 56 Column 1 さまざまなコードの書き方

第2章 コード進行の仕組み

- 58 コードの役割やコード進行のルールを知る CD Track 22〜24
- 62 一時転調の王道、セカンダリー・ドミナント CD Track 25〜27
- 66 サブドミナント・マイナーで一瞬マイナー・キーへ転調 CD Track 28〜30
- 70 ディミニッシュ・コードで半音のベース・ラインを作る CD Track 31〜33
- 74 Column 2 ノン・ダイアトニック・コードを用いた代理コード

CONTENTS

第3章 スケールの仕組み

- 76 メジャー・スケールとマイナー・スケールの違いと関係 CD Track 34〜36
- 80 ソロ・プレイの便利アイテム、ペンタトニック・スケール CD Track 37〜39
- 84 チャーチ・モードの仕組みを解明 CD Track 40〜42
- 88 ハーモニック・マイナーと、その派生形のスケール CD Track 43〜45
- 92 Column 3 3種類のマイナー・スケールの構造
- 94 Column 4 民族音楽系のスケール

第4章 ブルースの仕組み

- 98 ブルースのコード進行とソロでの音使い CD Track 46〜48
- 104 Column 5 ジャズ・ブルース進行と特徴 CD Track 49
- 106 Column 6 イントロ&アウトロ・ネタの紹介 CD Track 50〜51

付録　コード進行ネタ64

- 108　Iからスタートする進行　CD Track 52〜56
- 118　IVからスタートする進行　CD Track 57〜58
- 122　IImからスタートする進行　CD Track 59
- 124　IIImからスタートする進行　CD Track 60
- 126　VImからスタートする進行　CD Track 61
- 128　IVmを使った進行　CD Track 62
- 130　分数コードを使った進行　CD Track 63〜64
- 134　クリシェを使った進行　CD Track 65
- 136　そのほかの進行　CD Track 66
- 137　メジャー・スケールのダイアトニック・コード一覧
- 138　マイナー・キーのコード進行　CD Track 67〜68
- 141　ナチュラル・マイナー・スケールのダイアトニック・コード一覧

はじめに

　まずは本作を手に取っていただきありがとうございます。本当に嬉しいです。

　理論書というと、筆者も高校生時代に理論書を読んで"本当に役に立つのかな？"とか、"別に知らなくても…"という気持ちがあったことを懐かしく思い出しています。それでも頑張って勉強を続けていると、いろいろな発見があったり、できなかったことが少しずつ整理されたりと、実際に体感できることが多々ありました。

　もちろん理論書は1度読んだだけですべてがわかるものではないので、何度も読み返しましたし、それを実際の演奏に反映させたりと、トライ＆エラーの連続でした。そして未だに勉強や研究を続けていますが、知ることの喜びも少しずつわかってきたように感じます。
　それによってフレージングの幅が出てきたり、ほかのミュージシャンとコミュニケーションが取れるようになったり、さまざまなジャンルで演奏のやり取りができるようになりました。これが理論の勉強を続けていて良かったと思える瞬間です。
　高校生の頃に"別に知らなくても…"という思いでしたが、知ることをやめないで本当に良かったと思います(偉いぞ、俺)。

　と、まあ自画自賛はこのくらいにしておき(笑)、本書ではそんな理論を"いったい、いつ使うの?!"という疑念を払拭するために、"こんな時にはこの理論が必要"ということを仮想シチュエーションで説明しています。仮想シチュエーションに登場するAさんとBさんのやり取りを自分に置き換えてみると、どっぷりハマれます。そして、理論を知らないプレイ、知っているプレイを音源と譜面とともに紹介。この両極を比較するこで、理論を確認することができるようになります。

　本作が少しでも皆様のお役に立てれば、筆者として、非常に嬉しい限りです。

野村大輔

序章

譜面についての基礎知識

楽譜には細かなルールがあります。
理論を学ぶ前に、まずは、これらのルールを学んでいきましょう。
すべて理解する必要はありませんので、気軽に取り組んで下さい。

Prologue 1 ト音記号とヘ音記号の法則

理論を知る上で音符は非常に大切です。パッと譜面を見ただけで演奏できるようになる必要はありませんが、譜面に書かれている音がどんな音なのかぐらいはわかるようにしておきましょう。

Q ト音記号と、ヘ音記号の違いは何ですか？

A おもにト音記号は高音部の音符を表記する時に使い、ヘ音記号は低音部の音符表記に使用します。ギタリストはト音記号、ベーシストはヘ音記号の譜面での読み書きが一般的ですが、ミュージシャン同士のコミュニケーション・ツールと考えて、どちらも知っておくと便利ですよ。ちなみに、ピアノは高音から低音までかなりのレンジがあるので、ト音記号とヘ音記号を同時に使います。

Q ト音記号の決まりは？

A まず、ト音記号は、"五線譜の下から2番目の線をト音（ソ）と読んでね！"という意味です。これにより、各音の書き込み位置が決定します（図1）。

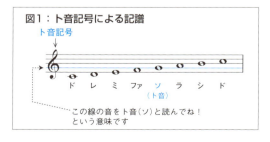

図1：ト音記号による記譜

Q では、ヘ音記号は？

A ヘ音記号は"五線譜の上から2番目をヘ音（ファ）と読んでね！"という意味です（図2）。ト音記号とドの音の位置が変わりますので、間違えないようにしましょう。

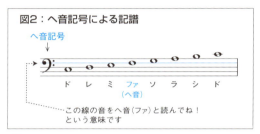

図2：ヘ音記号による記譜

Q ところで、ト音記号とかの"ト"とか"ヘ"って何ですか？

A これはドレミの日本語読みなんです（図3）。ドレミファソラシはイタリア語で、これを日本語にするとハニホヘトイロとなります。英語はCDEFGAB、ドイツ語はCDEFGAH（英語と発音が違います）。日本はこの4カ国語がごちゃまぜで使うこともあるので、ある意味大変なんですよ（汗）。

図3：音の名称

イタリア語	Do（ド）	Re（レ）	Mi（ミ）	Fa（ファ）	Sol（ソ）	La（ラ）	Si（シ）
ドイツ語	C（ツェー）	D（デー）	E（エー）	F（エフ）	G（ゲー）	A（アー）	H（ハー）
日本語	ハ	ニ	ホ	ヘ	ト	イ	ロ
英語	C（シー）	D（ディー）	E（イー）	F（エフ）	G（ジー）	A（エー）	B（ビー）

Prologue 2 シャープ、フラット、ナチュラルの決まりごと

ここでは♯、♭、♮といった臨時記号について確認してきましょう。臨時記号の有効範囲や、小節をまたいだ時にどうなるのかなど、細かい点も含めて解説していきます。

Q 臨時記号とはどんなものですか？

A ♯（シャープ）は半音上げる、♭（フラット）は半音下げる、♮（ナチュラル）は♯や♭などの機能を解除する、といった意味があります（図1）。これらは、あくまでも臨時記号なので、譜面の中で臨時的に使います。

図1：臨時記号の読みと意味

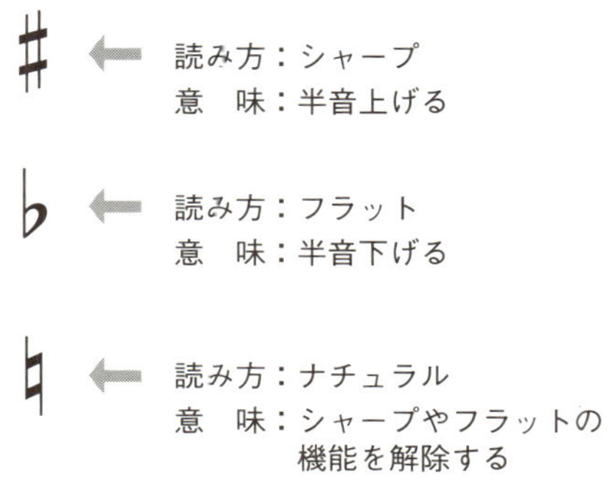

♯ ← 読み方：シャープ
　　意　味：半音上げる

♭ ← 読み方：フラット
　　意　味：半音下げる

♮ ← 読み方：ナチュラル
　　意　味：シャープやフラットの
　　　　　　機能を解除する

Q 臨時記号の効果が有効な範囲はどこまでですか？

A 臨時記号は同じ小節内が有効範囲です。しかし、小節が変われば臨時記号の効果はありません。また、同じ音符でも1オクターブ以上離れている場合は臨時記号が無効になります（図2）。

図2：臨時記号の有効範囲

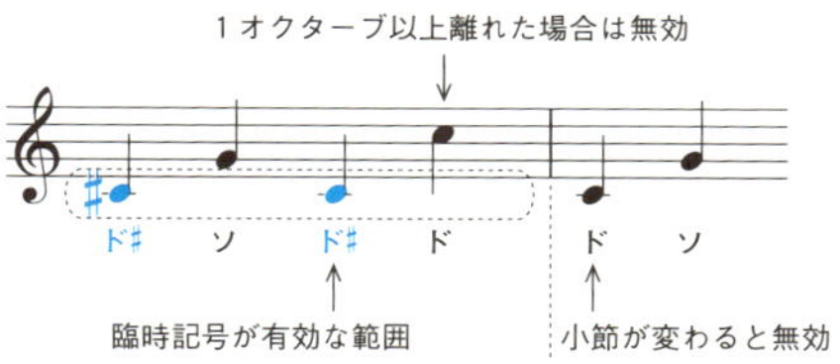

Q 案外、覚えることは少ないですね。

A 間違えやすいのが、タイで小節をまたぐ場合の臨時記号。この場合は、小節が変わっても臨時記号が有効となります。ただし、その次の音符には無効です（図3）。

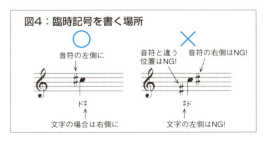

図3：注意すべき点

Q 臨時記号はどこに書くのですか？

A 必ず音符の左側に書きます。でも、ドレミの場合には、右側に臨時記号を書きます。それから、臨時記号を付ける位置がズレないようにしましょう（図4）。

図4：臨時記号を書く場所

Prologue 3 ドレミで学ぶ半音・全音の違い

　ドレミの音間隔をハッキリと理解しているか否かで、演奏の精度にかなりの差がつきます。ミスを多発させないためにもインターバルを覚えましょう。

Q インターバルってなんですか？

A インターバルを日本語で言うと"間隔"となります。音楽ではこの間隔を"全音"、"半音"で考えていきます。

　例えば、ドからド♯までが半音間隔、ド♯からレまでが半音間隔です。また、半音+半音で全音間隔になります　全音間隔は1音間隔とも言い、どちらも同じ意味です。

　ギターの場合は隣のフレットに移動するのが半音間隔、フレットをひとつ飛ばして移動するのが全音間隔です（図1）。

Q ドレミはどんなインターバルで配置されているんですか？

A ドの音から順に、全全半全全全半というインターバルになっています。ミとファ、シとドが半音関係で、あとはすべて全音間隔だと覚えればOKです。

Q 楽器は半音のインターバルを基準に作られているんですか？

A 民族楽器などは、西洋の楽器では扱わないインターバルを用いることもあります。でも、ほとんどのポピュラー・ミュージックの楽器は半音・全音のインターバルを奏でることを主軸に作られています。

　例えば、ピアノの場合は、ミとファ、シとドの間に黒鍵がありません。これらは半音関係ですね（図2）。

　ギターの場合は黒鍵、白鍵という色分けがなく、半音間隔でフレットが並んでいます。ですから、ミとファ、シとドの間だけ隣のフレットに移動すればドレミが成立します。

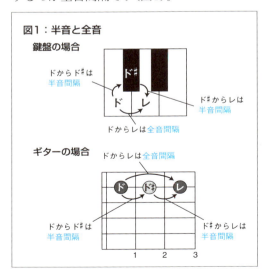

図1：半音と全音

図2：鍵盤の場合

Prologue 4 ピアノでチューニングすると音が合わない?!

チューナーがなく、近くにあるのはピアノだけ……そんな時にはピアノを使ってチューニングをすると思いますが、気をつけなければならないことがあります。ここではその注意点を解説しましょう。

Q ピアノの音を利用してチューニングしてはダメなんですか？

A もちろんできます。ただ、ギター用の五線譜に書かれている音は、1オクターブ高く書かれているということを知っておいて下さい。例えば1弦のE音（ミの音）のチューニングをする際、ピアニストに"高いE音を出して"とお願いすると、ピアニストは1弦のE音より1オクターブ上の音を鳴らします。これを知らないと、ギタリストとしては"あれ？ 音が高すぎるのでは…"と戸惑ってしまいます。

Q ギタリストの認識している音は、ピアニストからすると1オクターブ低い音なんですね。

A そのとおりです。ギター譜とピアノ譜では図1のような差があります。なお、ピアノではセンターCと呼ばれる位置があり、ピアニストはその音を普通のドととらえています。

Q 何か面倒なので、チューナーを持ち歩くようにします。

A 単純にチューナーでは解決できないこともあるんですよ。音の高さはHzでも表せますよね。通常ギターは440Hzでチューニングしますが、生のピアノはやや高めの442Hzになっていることがほとんどなのです。

Q だから440Hz以外に設定できるチューナーもあるわけですね。謎が解けました。

A もし、これを知らずに440Hzでチューニングをしてしまうと、僅かですが、生ピアノとギターの響きが気持ち悪くなってしまいます。生ピアノと一緒に演奏する時には442Hzに合わせるのが、お互い気持ちの良い演奏に繋がります。

Q でも、なぜ440Hzと442Hzを使い分けているんですか？

A 440Hzで演奏するよりも、442Hzで演奏したほうがより明るく、派手に聴こえるんです。現在のレコーディングの現場では441Hzで録音するのは当たり前になっていて、オーケストラだと443Hz〜446Hzまでかなりの幅があります。

図1：ギターとピアノの"ド"

Prologue 5 ｜音の長さを表わす記号と仕組み

音符を読むためにも、各音符をどのくらい伸ばすかを知っておかなくてはなりません。まずは、図形的なイメージができると、理解しやすいでしょう。

Q 音の長さの表わし方を教えて下さい。

A 基本の音符は、全音符、2分音符、4分音符、8分音符、16分音符です。4分音符は1拍の長さなので、これを基準とすると図1のようになります。

図1：各音の長さ

全 音 符	𝅝	(4拍分)
2 分音符	𝅗𝅥	(2拍分)
4 分音符	♩	(1拍分)
8 分音符	♪	(半拍分)
16分音符	♬	($\frac{1}{4}$拍分)

Q 音符の玉の横に点が付いてる音がありますが、これはどんな意味なんですか？

A これは"付点音符"と言い、"付点音符＝音符×1.5倍"というのが公式です。付点4分音符は、図2のようになります。

図2：付点4分音符の長さ

$1\frac{1}{2}$拍　　　1拍　　　$\frac{1}{2}$拍
♩. ＝ ♩ ＋ ♪

Q 音符の上に"3"が書かれているものもありますよね。

A "3連符"のことですね。1拍3連符を例に解説しましょう（図3）。これは1拍を1/3に分けて弾くという意味です。

図3：1拍3連符の意味

3つで1拍
$\underset{3}{♪♪♪}$ ＝ $\frac{1}{3}$拍 ＋ $\frac{1}{3}$拍 ＋ $\frac{1}{3}$拍

Q テンポでも音の長さは変わりますよね？

A そうです。曲のテンポによって音の長さは変化します。ですから、曲の基準となるテンポを最初に確かめましょう。

Q 基準のテンポとは？

A 演奏する前に"ワン・ツー・スリー・フォー"ってカウントを取りますよね。これが基準のテンポです。すべて4分音符なので、"この曲の4分音符は、この長さですよ～！"って教えてくれているわけです。

Q カウントは、そのためにあったんですね。

A そうなんです。単に曲の始めを知らせているだけではないんです。"曲が始まってからもこのテンポをキープして下さいね"という意味もあるので、カウントは非常に大事なんですよ。

Prologue 6 これは便利！リズム譜による表記

　ギターでは独自のリズム表記を用いることがあります。画期的な譜面なので、読み方を知っていればかなり重宝します。バンドや仲間同士で譜面にリズム譜を書いて指示を出すこともあるので、書き方も同時に覚えてしまいましょう。

Q リズム譜とはどんなものですか？
A これはギター独自の譜面で、これを用いるとリズムが確認しやすくなります（図1）。

　特にアコギの場合、コードをストロークをすることが多いですよね。そんな時、すべての音を譜面に書くと、ゴチャゴチャしてみにくいことがあるんです。そこで、五線譜や一線譜にリズムを書き込むと、パッと見ただけで把握できるわけです。かなり優秀な譜面の書き方だと思いますよ。

Q どんな規則で書かれているんですか？
A 図2のようになります。この情報を参考に、リズムどおりに右手のストロークをしていけばOKです。

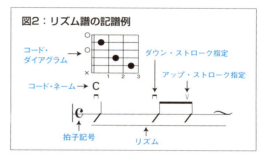
図2：リズム譜の記譜例

Q 音符の形が独特ですね。
A 通常の音符との差別化という意味があります。しかし、音符の旗は通常と同じなので、旗で音符を見分けていきましょう（図3）。

図3：通常の音符とリズム譜の比較

	通常の音符	リズム譜
全音符	o	//
2分音符	♩ (白)	(白斜線)
4分音符	♩	/
8分音符	♪	♪
16分音符	♬	♬

図1：リズム譜の2バージョン
●五線譜バージョン
●一線譜バージョン

Prologue 7 拍子記号の意味や決まりについて

拍子記号は大切な記号です。種類もいろいろあるので仕組みを理解しておきましょう。

Q 拍子記号ってなんですか？

A 拍子記号をひと言で言うと、1小節内に入る音符の長さを決める表記となります。拍子記号により、その楽曲がどういう性質なのかが大雑把にわかるんですね。

Q ト音記号の横に"C"が書いてある場合がありますが、これも拍子記号ですか？

A はい。これは"コモン"と言って、4/4拍子のことです。2/2拍子は"C"に縦棒が入っているような記号になり、これは"アラ・ブレーベ"と呼びます（図1）。何か4/4の半分っぽいのでわかりやすいですよね。これらの利点としては、譜面に4/4と手書きで書くよりも楽ということも言われています（笑）。

図1：CとCについて

$$\frac{4}{4} = C \quad (コモン\ common)$$

$$\frac{2}{2} = ₵ \quad (アラ・ブレーベ\ alla\ breve)$$

Q この4/4の意味を詳しく教えて下さい。

A 分母が基準となる音符で、4/4の場合は4分音符を指しています。分子は1小節間に分母の音符が○個分は入りますという意味なので、4/4は1小節間に4分音符が4個入ります。4分音符が5個になるのはNGです（図2）。

図2：4/4拍子の書き方

また、3/4は4分音符が1小節に3個入ります、といった意味になります。4分音符が4個というのはNGです（図3）。

図3：3/4拍子の書き方

Q 分数の表記はほかにもあるのですか？

A もちろんあります。例えば6/8拍子は、8分音符が1小節間に6個入るという意味です（図4）。また12/8拍子は、8分音符が12個入るわけです。

ほかにも、7/8や9/8など分子が奇数のものもあり、これらを変拍子と呼んでいます。

図4：6/8拍子の書き方

譜面についての基礎知識 **序**章

Prologue 8 タブ譜の構造や表記の確認

タブ譜は、五線譜が苦手な人でも簡単に読めるギターやベース専用の譜面です。ここではタブ譜の見方、読み方を解説していきます。

Q タブ譜って何ですか？

A これはタブラチュアやタブラチャー（Tablature）と言って、弦や押弦するフレットなどを数字化したギター専用の譜面です。五線譜が苦手な人でもスコアが読めるので、かなり親切設計ですね。

特にギターの場合は異弦同音（同じ音程の音が複数のポジションにあること）を持つので、五線譜だけだと適切なポジションを探すところから始まります。これは初心者にとってはツライので、弦とポジションが指定してあるタブ譜が読めると非常に楽チンです。

Q タブ譜の読み方は？

A タブ譜は6本の線でできていて、一番下が6弦、一番上が1弦です。この各線上に乗っている数字が押さえるフレットです。図1の1拍目は、5弦の線上に3という数字が乗っています。これは5弦の3フレットを押さえるという意味です。

Q たまに数字に○が書いてありますが、あれは何ですか？

A 図2を見て下さい。タブ譜の場合、数字を使って音の高さを示しますが、リズムは五線譜と同じです。例えば、4分音符の場合は棒が1本付いているだけで、8分音符の棒に旗が付きます。このあたりは通常の音符と同じですね。

そして、2分音符は数字のまわりを丸で囲み、棒が付きます。全音符の場合は数字のまわりを丸で囲むだけで、棒がありません。

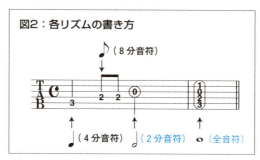

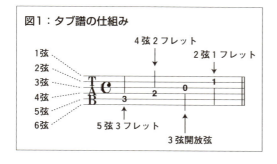

Prologue 9 五線譜からキーを判別する方法

五線譜には調号が記されていて、その曲がどんなキーなのかわかるようになっています。ここではその調号の読み方を解説します。

Q 調号ってなんですか？

A 調号は、ト音記号やヘ音記号の右横に付く♯や♭のことです。ここに♯や♭が付いている場合は、そのあと登場する音符すべてに♯や♭が適用されます（図1）。調号は、臨時記号のようにオクターブ以上離れてしまうと効果がなくなることはありません。

図1：調号とその効果

Q キーはどうやって見分けるんですか？

A キーは♯や♭の数で見分けます。最終的には、すべてのキーと♯や♭の数の関係を全部覚えるのがベストです。でも、音楽を長くやっていると自然と覚えていきますので、慌てずに地道にいきましょう。

Q でも、丸暗記は大変…。

A ギターならではのキー判別方法を紹介しましょう。図2を♯の数の分だけ矢印の順に進んでいきます。スタートは5弦3フレットのC音（ドの音）です。この音が♯が0個のキー……つまりKey=Cになります。間違えて、♯が1個とカウントしないように気をつけましょう。♯が3つだった場合は、数字の3まで進みます。ここのフレットはA音（ラの音）なので、Key=Aとなります。♯が4つだった場合には数字の4まで進みます。このポジションはE音（ミの音）なので、Key=Eです。なお、マイナー・キーについては、P78の平行調を参考にして下さい。

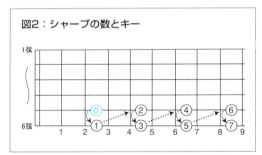

図2：シャープの数とキー

Q ♭の調号はどうすれば？

A ♭の場合は、スタートが6弦8フレットのC音（ドの音）です。図2と同様に、ここから矢印の順に進みましょう（図3）。

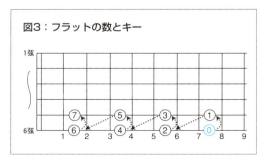

図3：フラットの数とキー

譜面についての基礎知識 **序**章

Prologue 10 カポの利点と活用方法

カポの使い方を知っていると、即座にキーの変更に対応できたり、簡単にコードが押さえられるので非常に便利です。ここではカポタストの使いどころや、効果などについて解説していきます。

Q 譜面に"capo:1"って書いてありますが、これは何ですか？

A "capo:1"の"capo"はカポタストのことで、"1"はフレット番号です。この場合は"1フレットにカポを付けて！"という意味です。

Q カポを使う利点は？

A 歌の伴奏をしたり、弾き語りをしていると曲のキーを変更することがありますよね。そんな時に役立つのがカポです。

例えばコードCの場合、このコードを半音上げにするとコードC♯になります。そこで1フレットにカポ付けてみると、ロー・コードのCと同じ押さえ方でOKになります（図1）。

Q キーを下げる時にも使えますか？

A もちろん使えます。例えばC-Amのコード進行を半音下げるとB-A♭mになります。でも、開放弦が使えないので難しいですよね。そこでカポを4フレットに付けると、
・コードBはロー・コードGと同じ形
・A♭mはロー・コードEmと同じ形
になります（図2）。

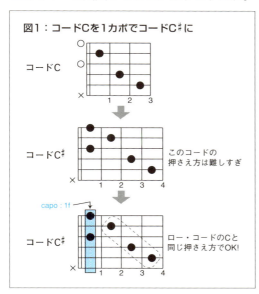

図1：コードCを1カポでコードC♯に

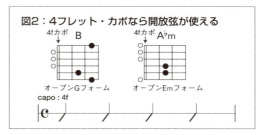

図2：4フレット・カポなら開放弦が使える

Q キーが下がり、さらに簡単に押さえられるんですね。

A はい。同様に、キーはそのままで、簡単に押さえられる場合もあります。例えば、E-C♯mというコード進行があるとします。この場合、4フレットにカポを付けて、ロー・コードC、ロー・コードAmの形を押さえれば、楽に弾けますよね。これがカポの利点です。

反復記号を把握する ～その1～

楽譜にはさまざまな反復記号があります。この記号の意味を知らないと、正しく楽譜を読み進めることができません。ということで、順序や移動の法則を覚えていきましょう。

Q 反復記号には、どんなものがあるのでしょうか？

A まずは、リピート・マークとカッコを最優先で覚えましょう。

リピート・マークは、先頭に戻るパターンと（図1）、リピート・マーク内をくり返すパターンがあります（図2）。図1の先頭に戻るパターンは、先頭のリピート・マークは省略するのが本来の記譜法です（わかりやすくするため、あえて先頭にリピート・マークを書く場合もあります）。

図3は、ちょっと複雑です。1カッコでリピート・マークでくり返し、1カッコの手前まで進んだら1カッコを跳ばして2カッコに進みます。

各図の小節内にある数字は、進んでいく順番を表わしたものです。数字どおりに進んでみて、リピート・マークとカッコの使い方を覚えて下さい。

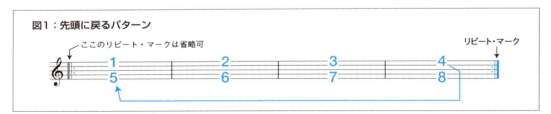

Prologue 12 反復記号を把握する ～その2～

反復記号はほかにもあります。ここではそれらを見ていきましょう。

Q 次に優先順位が高いのは？

A 図1～2の*D.C.*（ダ・カーポ）と*D.S.*（ダル・セーニョ）です。*D.C.*は曲の頭に戻り、*D.S.*は§（セーニョ）に戻ります。

また、図3のBisもあります。これは短い区間をくり返す時に使い、あまり長い小節間では使用しません。

あと⊕Coda（コーダ）も覚えましょう。これは、to⊕から⊕Codaに跳びます。*D.S.*と併用されることが多いので、図4で進み方をチェックして下さい。

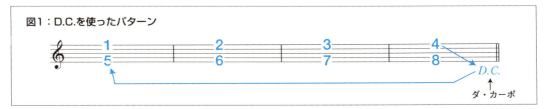
図1：D.C.を使ったパターン

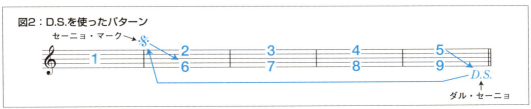
図2：D.S.を使ったパターン

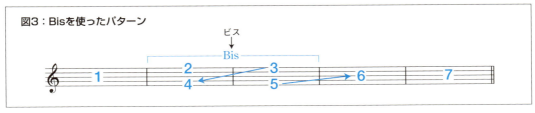
図3：Bisを使ったパターン

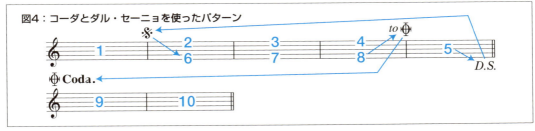
図4：コーダとダル・セーニョを使ったパターン

Prologue 13　音の距離を示す単位、度数の仕組み

音を度数で把握できると、コードの構成音や、音の響き方など、音楽の理解度がさらに進みます。

Q まず何から手をつけるべきですか？
A 度数を覚える前に、まずはドレミを確認しましょう（図1）。この時に注意してほしいのが、ミとファ、シとドの距離です。これらは半音（フレット1個分）になっています。ほかはすべて全音（フレット2個分）です。

Q 次のステップは？
A 今度はドの音を1番目と考えて、順番に番号を付けていきましょう。8番目までくるとまた同じド音なので、もう1周分、15番目まで数字を付けてみます（図2）。
ただし、このままだとレを2と呼ぶ人と、9と呼ぶ人がいて、ややこしいですよね。それを軽減するために奇数しか使わない表記で統一します。図2では奇数を□で囲っています。これなら度数の話もしやすいですし、コードの構成音は奇数で記すのが基本です。

Q △がありますけど？
A △で囲った4と6は例外です。Csus4とかCm6とかいうコードがあるのですが、これらは例外的に4と6を使うんですね。

Q あと、シンプルな3ではなく、△3とかm3の表記を見たことがあるんですけど？
A 度数の数字に△やmを付けて表記する場合もあり、以降の章ではこの方法で記しています。でも、いっぺんに度数表記を覚えようとすると、かなりの高確率で挫折してしまいます。詳しくは本編で必要に応じて解説していきます。

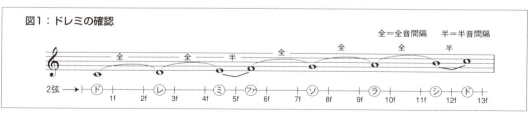

図1：ドレミの確認

図2：度数表記

コードの仕組み

本章はコード単体について、その仕組みを学んでいきます。
一度にたくさん覚えようとするとなかなか身につかないので、
時間をかけて取り組んで下さい。

※STEP 1"仮想シチュエーション"のカラオケは、メインのギター演奏（譜面に示したギター・パート）を省いたものとなっています。
そのため、ギター2本による演奏の場合、ギター1本を残したものがカラオケとなります。
また、アコギ1本による演奏のカラオケは、クリックのみです。

Lesson 1-1 メジャー・コードとマイナー・コードの構造的違い

STEP 1 仮想シチュエーション

ここは、とあるリハスタの廊下。休憩中に一息ついているアコギ弾きふたりの会話。

A：さっき、リハの演奏中に言ってた3rdやm3rdって何？

B：あ、あれね。Aさん、たまにメジャー・コードなのにm3rd弾いてたり、その逆をやってることがあるから。そこだけは間違わないようにお願いしたの。

A：そうなんだ。あんまり気にしないで弾いていたんだけど、そんなに問題なの？

B：うん(笑)、かな～りね。3rdとm3rdはメジャー・コードとマイナー・コードを区別する音だから、メチャクチャになるんだ。

A：そっか…。

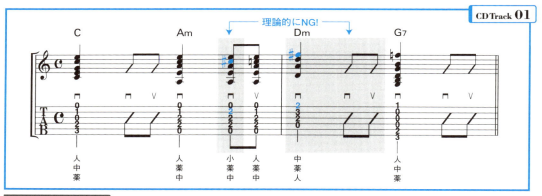

理論がわからない人のプレイ AmとDmで装飾音を混ぜているつもりだが、コードのメジャーとマイナーがメチャクチャに。

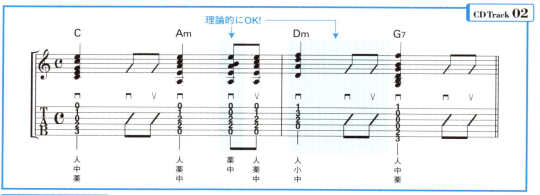

理論がわかる人のプレイ コードのメジャーとマイナーをしっかり弾き分け、さらに装飾音を入れた安定感のある演奏。

第1章 コードの仕組み

STEP 2 理論解説

コードには明るいコードと、暗いコードの2種類があり、どんなに難しいコードもこのどちらかに必ず所属しています。その違いや仕組みがわかると、コードに適した音選びができるようになります。

"3種類の音&くし団子"
これが音の重ね方の基本ルール

Q コードを形で覚えてはダメですか？

A 最初はみんな形ですよね(笑)。ギターの場合ダイアグラムもあるので、ついつい形で認識していくことが多いですが、ある程度弾けるようになったら、"コードの中身がどうなっているか？"を知ると、もっと演奏に幅が出てきます。当然、妙な音を弾くことも減りますよ。

Q 最初に覚えるべきコードのルールは？

A まず3和音(=3種類の音)を作るのがコードの基本で、くし団子のようにひとつずつ乗せていくのが原則です。一番下に配置した音がルート音になるので、図1の場合は

コードC、図2の場合はコードAmになります。

図2：横線の間に音があってもOK
コード Am
一番下の音(ラ)が線の間にあったら、次に乗せる音符も線間にします

Q くし団子が崩れるように音を置くのはアウトですか？

A 実際には崩れた形のコードもありますが、まずは、くし団子が崩れるような音符の乗せ方はNGだと思って下さい。

Q なぜ、コードは3つの音を積み重ねるのが基本なのですか？ 2音じゃダメですか？

A 2音だと複数のコードに当てはめることができるので、特定が難しくなります(図3)。

　例えばドとミの2音だけを弾いたとします。そうするとコードCやコードAm、ほか

図1：くし団子がコードの基本ルール
コード C
一番下の音符が五線の線上に乗っていたら、次に乗せる音符も線上に重ねていきます

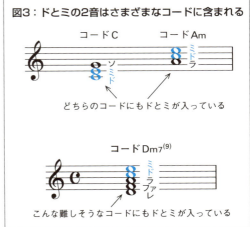

図3：ドとミの2音はさまざまなコードに含まれる
コードC　　コードAm
どちらのコードにもドとミが入っている

コード Dm7(9)
こんな難しそうなコードにもドとミが入っている

にもコードDm$^{7(9)}$なんてコードにも当てはまってしまうのです。

ここで視点を変えて、図形を例にします。2点しかなければ直線ですが、3点あれば形がわかりますよね？　ドとミとソの3音あれば、コードCの形だと簡単に確定できます（図4）。なお、この3音のコードのことを音楽用語で"トライアド"と言います。トライアングルも3角で、トライ（Tri）が3の意味です。

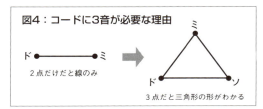

図4：コードに3音が必要な理由

メジャー・コードとマイナー・コードの基本ルール

Q 明るいコードと暗いコードを決める音はどこにあるですか？

A ド・ミ・ソだと明るい響きのコードですよね。一方、真ん中のミの音が半音低くなると暗くなり、コードCmになります（図5）。この時、ドとソはまったく変わっていません。

コードが明るいか暗いかは真ん中の音が決

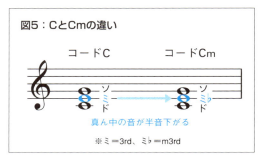

図5：CとCmの違い

定権を持っています。ここで音の間隔を確認してみましょう（図6）。

明るいコードの場合はドからミまでが2.0音間隔です（ミからソまでは1.5音間隔）。次に暗いコードはドからミ♭＝3rdまでが1.5音間隔（ミ♭からソまでは2.0音間隔）。

どちらのコードもドからソまでは同じ間隔ということも確認して下さい。

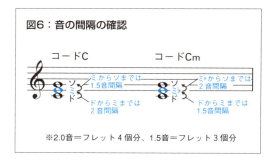

図6：音の間隔の確認

Lesson 1-1 まとめ

- 3和音（トライアド）がコードの原則です
- ルートから真ん中の音が2.0音＝メジャー・コード
- ルートから真ん中の音が1.5音＝マイナー・コード

STEP 3 理論学習エクササイズ

メジャー・コードとマイナー・コードの弾き分けエクササイズ

CD Track 03

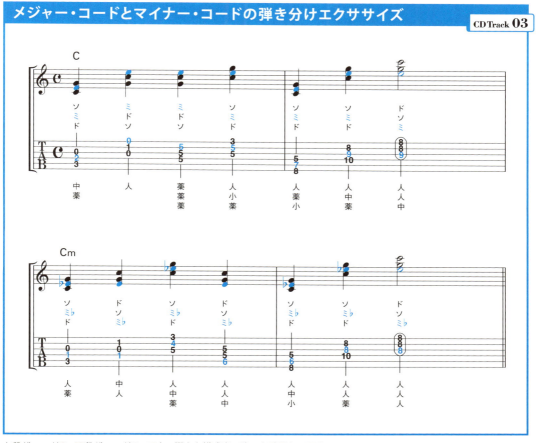

上段がコードC、下段がコードCmです。響きと構成音の違いを確認して下さい。

攻略ポイント
- コードの音名を言って覚えていきましょう
- ほかのポジションも探してみて下さい
- そのポジションをつなげて弾いてみましょう

Lesson 1-2 3種類の音で作られるコードの仕組みについて

STEP 1 仮想シチュエーション

アコギふたり組のスタジオ・リハーサル中の出来事。

A：Bさん、速いキメ・コードとか全然ミスらないよね？

B：音を抜いて弾きやすくしてるから。

A：えっ!? コードって適当に音抜いても平気なの？

B：適当ではなく、弾かなくてもOKな音だけを抜いてるんだけどね。

A：そうなんだ。自分はコード・ブックに載ってる形を弾くことしかできないからなぁ〜。音を抜くとかの応用ができなくて…。

B：そ、そうなんだ。でも、実は簡単なルールを覚えておけばいいだけなんだけど。

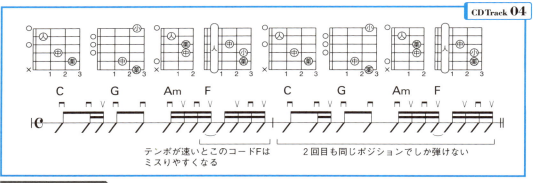

理論がわからない人のプレイ　コード・フォームをそのまま弾いているだけ。速いキメなどでミスりやすくなる。

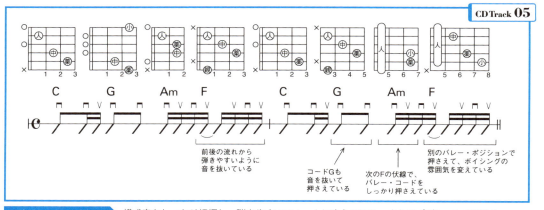

理論がわかる人のプレイ　構成音をしっかり把握し、弾きやすいフォームに変えている。さらにポジションの変化も。

STEP 2 理論解説

コードの構成音がわかると、自由にコードの音を変えられるので、自分に合った弾きやすい演奏が可能になります。また、まわりとのアンサンブルで音の抜き差しができるので、ワンランク上のプレイが可能です。

コードの中身を覚えることで得られる利点とは？

Q コードの構成音を知っていると、どんなメリットがあるんですか？

A 自分でコード・フォームを作れるようになるので、コードの前後の流れから押さえやすいフォームに変えたり、共通音だけ抜き出すこともできます。

Q コードは3和音が基本ですよね。6本の弦すべて押さえると音が多すぎるのでは？

A 理論的には確かに3和音が基本です。でも、実際の演奏で3音だけだと寂しい場合もあるので、同じ音名を複数弾いて厚みを出す場合もあるのです。例えばコードFの場合はファ・ラ・ドが構成音です。図1のダイアグラムで見てみると、6弦からファ・ド・ファ・ラ・ド・ファと並んでいて、ファは3個、ドは2個あります。こうやって音の厚みを出しているんですね。もちろん、音を抜くこともできるので、図2のように重複している音を抜いて押さえやすくすることもできます。

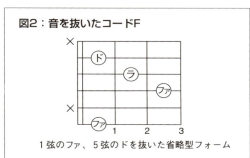

図1：基本的なコードF
ファが3個、ドが2個、ラは1個

図2：音を抜いたコードF
1弦のファ、5弦のドを抜いた省略型フォーム

Q コードを音名だけなく、度数も覚えたほうが良いのですか？

A 度数も一緒に覚えたほうが良いです。そうすれば、△3rd、m3rdなど、コードのメジャーとマイナーの切り替えもパッと素早く対応できるようになります。

例えばコードFで△3rdは3弦2フレット、ラの音と分かれば、この音を半音下げてラ♭にするだけで、Fmができます（図3）。

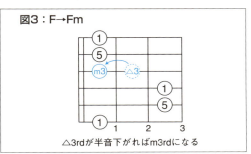

図3：F→Fm
△3rdが半音下がればm3rdになる

度数攻略の秘策！
2種類のコード・フォームとともに暗記

Q 度数によるコードの構成音は覚えにくいですね。

A 確かに覚えにくいです。すべてのコードを丸暗記するとなると、さすがにツライですよね。そこで、まずは6弦をルートとしたバレー・コードと、5弦をルートとしたバレー・コード2種を比較してみましょう。

6弦ルート・フォームは低音弦から1、5、1、3、5、1。5弦ルート・フォーム1、5、1、3、5と並んでいます。形は違いますが、並び順が同じなんです。これに気がついてしまえば、バレー・コードは、"いち、ご、いち、さん、ご、いち"と呪文のように唱えているだけで、度数の位置を覚えることができます。

そして、バレー・コードは同じフォームのまま横移動が可能なので、これだけでもかなりのコードに対応できますよ。

Q ところで、何でコードCは"CM"と書かないんですか？

A 表記にはいろいろな書き方があるので、ここで整理してみましょう。まず、明るいコードの場合、"C"と書いて、会話ではC、Cメジャーのどちらも言います。一方、マイナー・コードは"Cm"と書いて、Cマイナーと言うのが普通です。つまり、"m"を書く理由は、マイナー・コードさえわかればOKという合理的な発想なんですね。もし、CMとCmで分けていて、これを字が汚い人が書いた譜面だと……かなり事故率が高くなりそうです（笑）

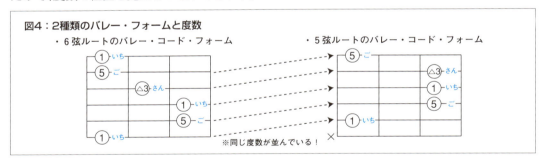

図4：2種類のバレー・フォームと度数

- コードの構成音は重複しても問題なし！
- メジャーとマイナーの違いは△3rdとm3rd
- バレー・コードの度数は図4を暗記

コードの仕組み 第1章

STEP 3 理論学習エクササイズ

6弦＆5弦ルート・フォームで度数確認

CD Track 06

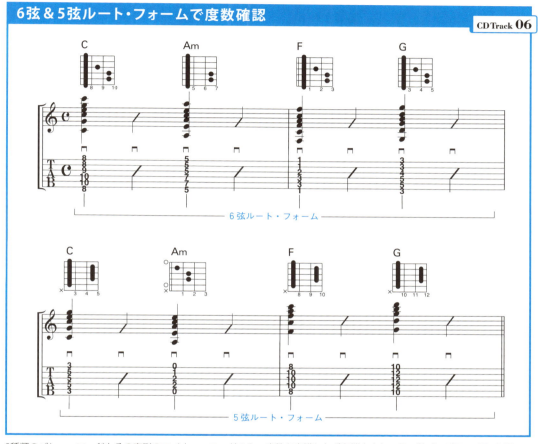

2種類のバレー・コードとその変形のマイナー・コードのみ。度数を意識しながら弾きましょう。前ページP34の図4参照。

攻略ポイント

- 6弦ルート：いち、ご、いち、さん、ご、いち
- 5弦ルート：いち、ご、いち、さん、ご
- ここには登場しないコードも、度数を要確認

Lesson 1-3 4種類の音で作られるコードの仕組みについて

STEP 1 仮想シチュエーション

ここは、とあるジャズ・サークル。今までフォークしか知らないアコギ弾きAさんがこのサークルに呼ばれ、ジャズに初挑戦。

A：うわ、コードに7とか△7とかわかんないのが多いな（汗）。とりあえず、この数字を無視して、シンプルなコードを弾けばOK？

B：Aさん、ひょっとしてジャズ的なコードは苦手？

A：そうなんです。どうして良いかわからなくて。

B：基本的にジャズでは3和音（トライアド）は使わないから、7とか△7の7度も弾いてほしいんです。それがジャズらしさなんで。

A：面目ない、トホホ。

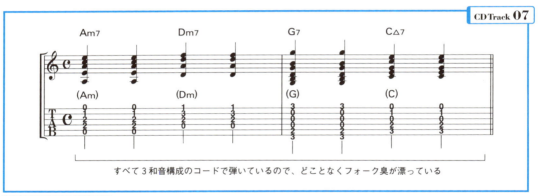

理論がわからない人のプレイ　コードの7度をすべて無視して、タブ譜上の（　）に記したコードを弾いている。

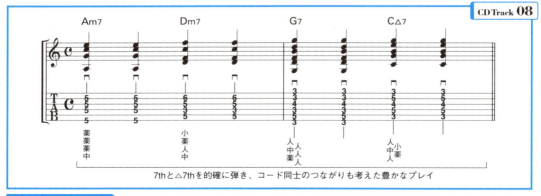

理論がわかる人のプレイ　4和音のコードをしっかり理解し、ヴォイシングまで考えた音楽的な流れのコード・プレイ。

コードの仕組み 第1章

STEP 2 理論解説

7thなどの4和音のコードも非常に大切です。ジャズだけではなく、ポップス、ロック、フォーク、カントリーなど、さまざまなジャンルで使用します。よって7度を含むコードの組み立て方は必須と思って覚えましょう。

メジャー・コードに7thや△7thを足してみる

Q 4和音のコードは、どのような仕組みで作られているんですか？

A 例えば、コードCは3和音で、構成音は"ド・ミ・ソ"ですよね。これにもう1音付け足したものが4和音です（図1）。付け方はコードの基本と同じで、"くし団子"が成立するように4音目の音を乗せます。コードCの場合にはシの音（B音）です。これで4和音のC△7が完成です。

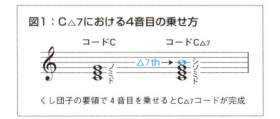

Q C7はどうすれば？

A C7は"コードC＋7th"です。そして7thは、△7thが半音下がった音です。ですから、コードC

にシ♭（＝7th）を加えればC7が出来上がります（図2）。

Q つまり、4音目の音を半音下げれば、自動的に7thになるんですね。

A いえ、すべての4音目を半音下げれば7thになるというわけではありません。例えばD7は、4つ目の音符はドのままで7thになっています（図3の左）。

なおD△7を作る場合は、7thのドを半音上げて△7thのド♯にします（図3の右）。

Q だんだん難しくなってきましたので、ここまでの話を整理して下さい。

A ここを乗りきってしまえば楽になります。頑張りましょう！　7thも、m3rdと△3rdの時と同じようにインターバルなのです。インターバルは間隔という意味で、ルート音からどのくらい離れているかということです。

例えばコードCの場合は、C音（ド）を1番目と考えてCメジャー・スケールを並べてみます。1から順番に数えて

・7番目の音が△7th（シ）
・その音がさらに半音下がると7th（シ♭）

となります。これが理論的な考えです。

Q もっと簡単に覚えられる方法はないのでしょうか？

A あります。次を参考にして下さい。

37

- コードCの1番目(ド)が1st
- そこから半音下がると△7th(シ)
- さらに半音下がると7th(シ♭)

と考えてみましょう。図4のように、アコギの3弦を弾きなら確認して下さい。

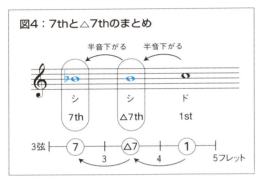

Q この方法ならコードのルート音さえわかれば、△7thと7thが探せますね。

A そうなんです。では5弦ルートのコードCをC△7、C7と変形させて考えてみましょう(図5)。変化するポジションは3弦のみ。

- ルートの1オクターブ上の1st(ド)を押さえるとコードC
- 半音下の△7th(シ)を押さえるとC△7
- さらに半音下の7th(シ♭)にするとC7

これさえ知っておけばコードC、C△7、C7はパッと押さえることができますよ。

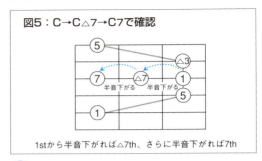

Q C△7のほかに、CM7とかCmaj7とか見かけます。これらのコードの違いはあるのでしょうか？

A この3種類はすべて同じコードです。どれも"シー・メジャー・セブンス"と読みます。これは出版社や譜面を書く人によって変わるだけで、どれも同じ意味なんですよ。海外だとCmaj7と書いているものが多いですね。

Q マイナー・コードに7度を加えた4和音もあるのですか？

A もちろん。例えばCm7とCm△7です。これは3和音のコードがマイナーだけなので、7thと△7thは変わりません。Cm7の場合は"ド・ミ♭・ソ・シ♭"、Cm△7は"ド・ミ♭・ソ・シ"になります。

- 7度は△7thと7thの2種類です
- 1stの半音下＝△7th、さらに半音下＝7th
- C△7、CM7、Cmaj7はすべて同じコード

コードの仕組み　第1章

STEP 3 理論学習エクササイズ

C△7＆C7、Cm△7＆Cm7で7度の確認（色部分が△7thと7th）
CD Track 09

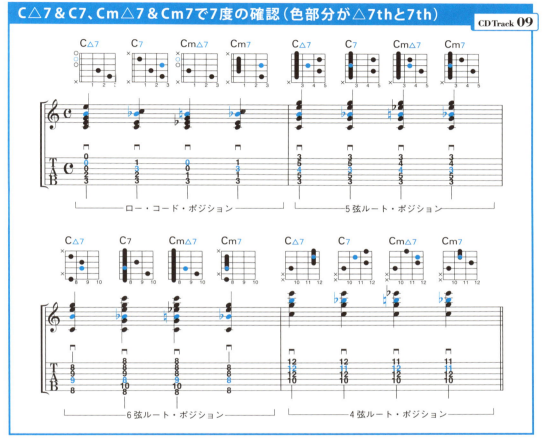

各コードを弾き分けることにより、4和音のコードの仕組みを学んでいきます。

攻略ポイント
- 的確に押弦できるようにしましょう
- 構成音を口で言いながら弾けるように
- 3小節目の1拍と4拍は、1弦と5弦を省略しています

Lesson 1-4 やや特殊なコード ～これまでのコードの変形版～

STEP 1 仮想シチュエーション

フォーク暦20年、ベテランのAさん。今回はジャンルの違うR&B系セッションに初参加。

A：よろしくお願いします。では、譜面を確認させて下さい……えっ?!

B：どうしました、Aさん。

A：いやいや、馴染みのないコードが書かれているんで。

B：このようなコード進行はよくやるパターンで、簡単なほうですよ！

A：そうなんですか(滝汗)。このBdimやG7(#5)がよくわからないので、コードBとG7を弾いておきますね。

B：いや、その辺を譜面どおりに弾いてもらいたいんですけど…。

理論がわからない人のプレイ 知っているコードで難しいコードを代用。結果、奇妙な響きの冷や汗プレイに。

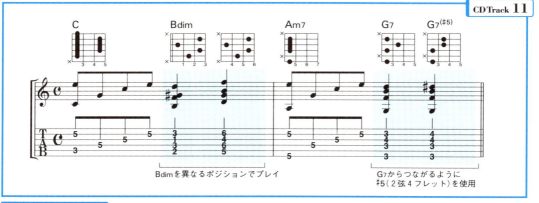

理論がわかる人のプレイ 難しいコードも難なくこなし、コードの流れが美しくなるようにした余裕のプレイ。

STEP 2 理論解説

G7(♯5)やCm7(♭5)、そのほかにもCsus4やBdimなど、ちょっとひねったコード。これらのコードにどういった意味があるのかを整理しておきましょう。

意外とシンプル！
カッコ付きコードの攻略方法

Q C(♯5)など、右上に（ ）が付いてるものがあります。これはどういう意味ですか？

A （ ）内には、♯5thや♭5thやテンションが入ります。3和音や4和音コードに音を付け足したり、構成音を変化させる指示なんですね。

例えば、C(♯5)は、コードCの"5thを半音上げてね"という意味なんです（図1）。なお、C(♯5)はCaugと書くこともあります。

同様に、(♭5)の場合は半音下げればOKです。例えば、Cm7(♭5)はCm7の5thを半音下げて♭5thにしたコードとなります。

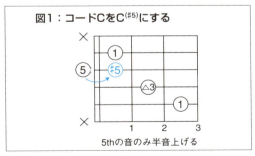

図1：コードCをC(♯5)にする
5thの音のみ半音上げる

Q ♯5thや♭5thは無視して弾いてOK？

A いえ、これらは"何があっても、カッコは弾きなさい"という強制命令だと思って下さい。実際の演奏で、アンサンブルやフレージングの都合で、どうしてもコードを丸々押さえられない時は、カッコの音のみ弾いたりもします。それだけ優先すべき音なんですね。

小文字の英語が書かれている
コードの意味について

Q sus4はどんな意味なのですか？

A Csus4やC7sus4などで見かける"sus4"は、"suspended 4th"の略で、"4thに吊り上げる"という意味があります。

Csus4の場合、コードCの3rdの音、つまり、ミの音をファ（4th）に"半音だけ吊り上げます"というコードの意味です。ポップスなどの楽曲では"Csus4→C"の流れは定番です。

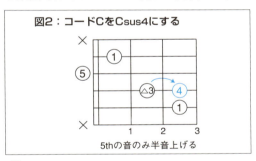

図2：コードCをCsus4にする
5thの音のみ半音上げる

Q dimが書かれているコードは、どんな法則でできているのですか？

A dim＝ディミニッシュの作り方は、かなりシンプルです。例えばCdimの場合は、ド→ミ♭→ソ♭→ラと、ルート音から、1.5音（フレット3個分）の間隔で音符を積み重ねていきます（次ページの図3）。なおラの1.5音上はドなので、4つ以上の音を重ねても、構成音はこの4つだけなんです。

図3：1.5音ずつ音を重ねるdimコード

ルートから1.5音間隔で積み上げていく

Q 1.5音間隔で音を重ねているのであれば、構成音のすべてがルートに成り得るのでは？

A そのとおりです。よってCdimは、Cdim＝E♭dim＝G♭dim＝Adimとなります。つまり、Cdimのフォームは、そのままフレット3個分ずつ横移動できます（図4）。これがわかれば、パパパっと横移動ができれるので、手軽に動きを作ることができますよ。ちなみにCdimは"C○"と書くこともあります。

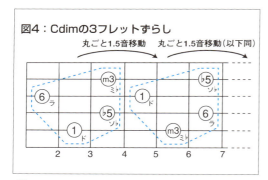

図4：Cdimの3フレットずらし

Q ハーフ・ディミニッシュって何ですか？

A m7(♭5)コードとdimコードの違いは、4音目のみ。ほとんど構成音が同じなのでm7(♭5)コードを"ハーフ・ディミニッシュ"と呼ぶことがあるのです。なお"ハーフ・ディミニッシュ"は"φ"を使って書くことがあり、"Cハーフ・ディミニッシュ"は"Cφ"と書きます。半分だけディミニッシュなので、dim表記の○に斜め棒が入ったわけです。

Q Comit3というのも見たことがあります。これはどんな意味ですか？

A "omit"はオミットと読み、"～を省く"といった意味があります。ですから、Comit3の場合には"コードCから3rdの音を抜いてね！"という意味になります（図5）。ほかにもomit5とか度数の数字が必ず付きます。

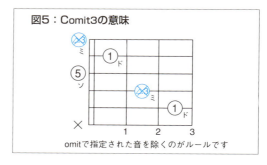

図5：Comit3の意味

omitで指定された音を除くのがルールです

Lesson 1-4 まとめ

- 言葉の意味を知ると理解が早くなります
- 弾かなければいけない音を要チェック
- Cdim＝C○、Cφ＝Cm7(♭5)です

STEP 3 理論学習エクササイズ

さまざまなフォームを身につけるためのエクササイズ

CD Track 12

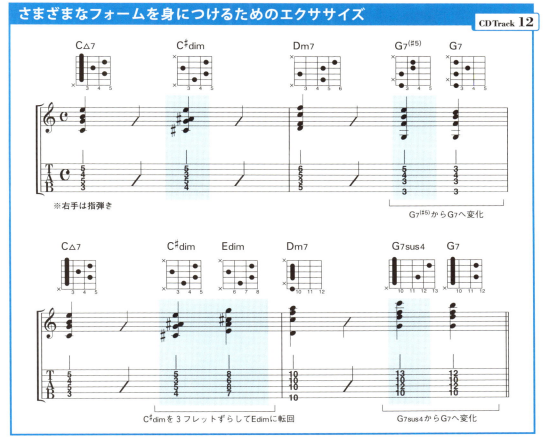

コード・フォームは単体で覚えるのではなく、譜例のように一連の流れを弾きながら覚えるように。

攻略ポイント
- 右手は4フィンガーで"つま弾く"ように
- 譜例のような頻出パターンに慣れて下さい
- dimずらしができると演奏の幅が広がります

Lesson 1-5 分数コードを理解し、コード進行の魅力をアップ

STEP 1 仮想シチュエーション

披露宴の余興でピアノ弾き語りとアコギのふたりで演奏することになったAさん。コード弾くだけだから大丈夫だろうとタカをくくってリハーサルに向かったが…。

B：Aさん、ここの分数コードをしっかり弾いてくれますか。

A：一応、コードはちゃんと弾いたんですが。

B：ベースの下降ラインも一緒に弾いてほしいんですよ。滑らかに下がっていくベース・ラインが、このコード進行のポイントなので。

A：そ、そうなんだ…。僕、分数コードの意味がイマイチ良くわからなく。いつも分子のコードだけを弾いていたんですよ。

B：分母が重要なパターンって多いですよ。

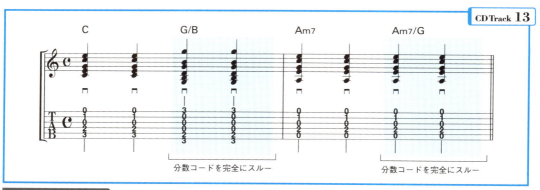

理論がわからない人のプレイ 分子の部分だけをひたすら演奏。そのためコード進行の魅力が失われている。

理論がわかる人のプレイ 分数コードをしっかり弾き、ベース音の美しさを提示。さらにトップ音を固定した絶品プレイ。

STEP 2 理論解説

分数コードは、ベース・ラインの移動や、コード同士を滑らかにつなげるために使われるケースが多々あります。よって、しっかりと理解しておきましょう。

分数コードの法則と押弦方法

Q そもそも、分数コードはどんな仕組みになっているのですか？

A 上が分子、下が分母になります。分子はコードを弾きます。分母は単音で、最も低い音にするのがルールです。

C/Gで考えると、図1のようになります。分子はコードCなので、ド・ミ・ソ（C・E・G）の3和音です。分母は単音でG音を弾きます。なお分子の音の順番は変わってもOKです。

図1：分数コードの仕組み

分子（コード） C → コードC
分母（単音） G → G音（最低音に）

Q ギターではどう押さえれば良いんですか？ 使わない弦がけっこう出そうですが。

A 重複した音があってもかまいません。もちろん、必要な音だけを弾いてもOKですよ。

実際にC/Gを図2で確認しましょう。まずロー・コードCを押さえ、一番低い音に分母のG音を付け足します。これで完成です。

図3のように、5弦ルートのバレー・コードCを押さえ、6弦3フレットのG音を付け足してもOKです。図3をよく見てみると、破線の4音だけでも分数コードのルールを満たしていますよね。4弦から1弦まで弾くだけでも分数コードとして成立します。

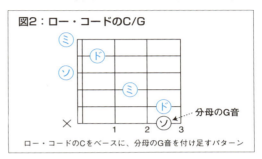

図2：ロー・コードのC/G
ロー・コードのCをベースに、分母のG音を付け足すパターン

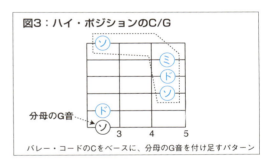

図3：ハイ・ポジションのC/G
バレー・コードのCをベースに、分母のG音を付け足すパターン

分数コードの重要度をシチュエーション別に考えてみる

Q 分子のコードだけを弾いても良い場合はどんな時ですか？

A バンド編成ではアンサンブルを考えて、分子のコードだけを弾くこともあります。一番オーソドックスなパターンは、分母の音をベーシストに任せる場合です。

一方、ピアノとアコギだけのユニットや、ひとりでアコギ弾き語りする場合などは、分数コードをしっかり弾かなくてはならない場

合が多いでしょう。

　結局、アンサンブルによって変化するので、"理論ではこうだから"と頭ごなしに考えるのはナンセンスですね。中には、ベース・ラインを強調するために、分母だけしか弾かないケースもあるんです。

Q その場の状況で変わるんですね。

A そうです。例えばロック・バンドでは、音を歪ませている関係でコードの構成音をすべて弾かずに2音程度に抑える場合があります。そのような時、分子と分母の音を1音ずつ弾くこともあります。

　例えば、A/C♯の分数コードを分子のA音と分母のC♯音だけで弾くパターンです（譜例1）。

Q C(onG)という表記も見たことありますが、これはどういう意味ですか？

A これは"オン・コード"と言って、意味的には分数コードと同じです。（　）内の音をベース音として弾きます。たまに間違えて上下逆さまに弾いている人を見かけますが、これは注意して下さい。

　また、$\frac{C}{G}$、C/G、C(onG)は書き方は違いますが、すべて同じコードです（図4）。

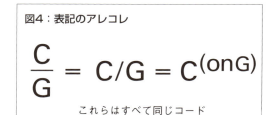

図4：表記のアレコレ

$$\frac{C}{G} = C/G = C^{(onG)}$$

これらはすべて同じコード

分子のA音と分母のC♯を1音ずつ弾いている

Lesson 1-5 まとめ

- 分子＝コード、分母＝ベース音（単音）
- アンサンブルによっても扱いが変わります
- $\frac{C}{G}$＝C/G＝C(onG)

STEP 3 理論学習エクササイズ

分数コードの頻出フォームをマスターするための練習

CD Track 15

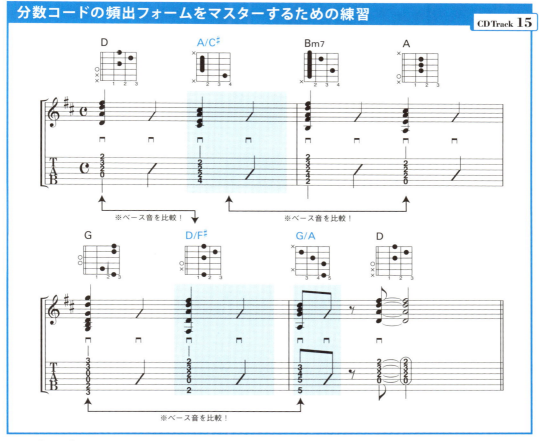

DとD/F♯、A/C♯とA、GとG/Aを比較しましょう。滑らかなベース・ラインにも注目。

攻略ポイント

- ベース音の移動を確認しましょう
- 移動の少ないポジション選択ができるように
- D/F♯は、6弦を親指で押弦してもOK

Lesson 1-6 テンション・コードの覚え方・使い方

STEP 1 仮想シチュエーション

とあるブルース・セッション・バーで、恒例の3コード・セッション。今日はやや上級者が集まっている模様。いつものように常連のAさんも参加したが、聴き慣れないテンション・コードが多く、タジタジ…。

A：これって3コードですよね？

B：そうですよ！

A：何か、聴き慣れない響きが多くて。

B：今日は上級者も多いんで、テンション入りの3コードになっているんですよ。

A：テ、テンション?!　よくわからないので、とりあえず普通のコードを弾いていました…。

B：3コード・セッションでもテンションは使えるので、覚えておくと便利なんですよ。

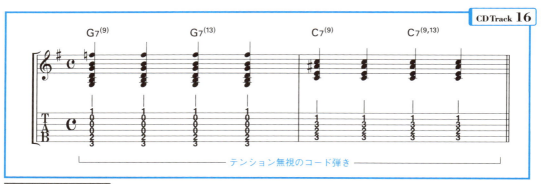

理論がわからない人のプレイ　とりあえず7thコードで凌いでみたが、雰囲気が出ずに撃沈。

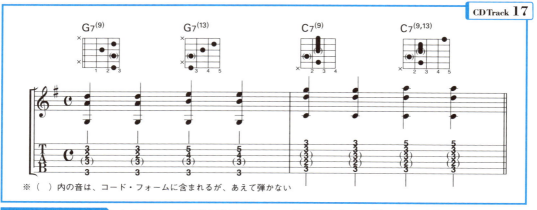

※（ ）内の音は、コード・フォームに含まれるが、あえて弾かない

理論がわかる人のプレイ　ただテンションを弾くだけでなく、コードの雰囲気をアップさせるため音数を減らしている。

第1章 コードの仕組み

STEP 2 理論解説

テンションは、ポップス、ブルース、ジャズ、ボサ・ノヴァなど、ありとあらゆるジャンルで登場します。ここではテンションについてと、その使い方を掘り下げていきます。

テンションに使う数字は9、11、13のみ！これらの数字に♭や♯が付くことも

Q そもそもテンションとは何ですか？

A まず、言葉の意味を考えていきましょう。テンションとは日本語で"緊張感"です。音楽では"緊張感のある音"と考えてOK。そして、この音を含むコードがテンション・コードとなります。

例えば図1のコードCは、とても平和的で安心感がありますよね。一方、C7(9,13)というテンション・コードを弾いてみると、何だか落ち着かないような、妙な緊張感がありますよね（押さえづらい場合は、単音で順次弾いて下さい）。これがテンションの特徴です。

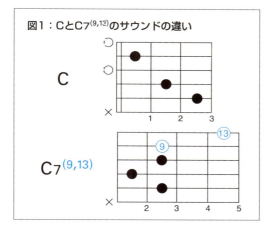

図1：CとC7(9,13)のサウンドの違い

Q コードに9とか13とか書かれているのを見かけますけど、これがテンションを示しているのですか？

A そうです。なお、テンションで使う数字は9と11と13です。そして9と11と13の音は、ナチュラル・テンションと呼びます。

Q 数字に♭や♯が付いているコードもありますよね。これもテンションでは？

A テンションには前述のナチュラル・テンションとオルタード・テンションの2種類があります。数字に何も書かれていない9と11と13がナチュラル・テンションでしたよね。

一方、数字に♭や♯が付いているものはオルタード・テンションになります。具体的には、♭9、♯9、♯11、♭13の4つがオルタード・テンションです。ちなみに、オルタードは"変化した"という意味で、そのためオルタードの音には♯や♭が付いているのです。

Q 数字ではなく、音名でテンション音を知りたい場合、どうやれば良いのですか？

A 次の手順がオススメです。

まず、コードのルートとなる音を探しましょう。例えばコードCの場合はC音がルートです。この音を"1"と考えてメジャー・スケールを考えてみます。すると、ドレミファソラシドとなります（ミとファが半音＝フレット1個分、シとド間が半音、それ以外はすべて全音＝フレット2個分になっている点に注意しましょう）。

49

ここで図2を見て下さい。ドレミの下にある数字は度数です。コードで使う数字は奇数のみなので(一部例外あり)、1、3、5、7、9、11、13がコードに関係する数字となります。

もう少し詳しく言うと図2の色つき数字は
・上段：4和音のコード構成音
・下段：ナチュラル・テンション音
となるわけです。

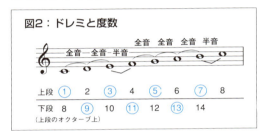

図2：ドレミと度数

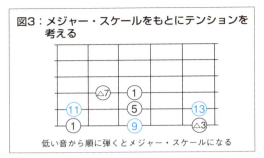

図3：メジャー・スケールをもとにテンションを考える

低い音から順に弾くとメジャー・スケールになる

Q 指板上でテンションを探す方法は？

A 図3を低い音から順番に弾くと、1→9→△3→11→5→13→△7→1となります。この形の1を各コードのルートに合わせれば、9、11、13のテンション音が探せます。なお、♭9、♯9、♯11、♭13のオルタード・テンションは、9、11、13の音からフレット1個分ずらして考えて下さい。♭は数字はフレット1個分下に、♯はフレット1個分上にずらします。

Q ブルース・セッションなどで、自己判断でテンション・コードを使えるか不安です。

A テンションの響きを覚えるようにして下さい。これを理解していないと、実際にテンション・コードを聴いてもわからないですし、"どこで使うの？"と困ってしまいます。

Q テンションを使いやすいジャンル、使いづらいジャンルはあるのですか？

A ブルース、ジャズ、ボサ・ノヴァ、ファンク、R&Bは、自由にテンションを入れやすいジャンルです。注意すべきは、ポップス、歌謡曲、演歌など、"歌を中心としたジャンル"です。また、童謡系の子ども向けの音楽ではテンションを使わないと思ったほうが良いですよ。

Lesson 1-6 まとめ

- ナチュラル・テンション＝9、11、13
- オルタード・テンション＝♭9、♯9、♯11、♭13
- 丸覚えではなく、響きで覚えるようにしましょう

STEP 3 理論学習エクササイズ

代表的なテンションの響きを体得するための訓練

CD Track 18

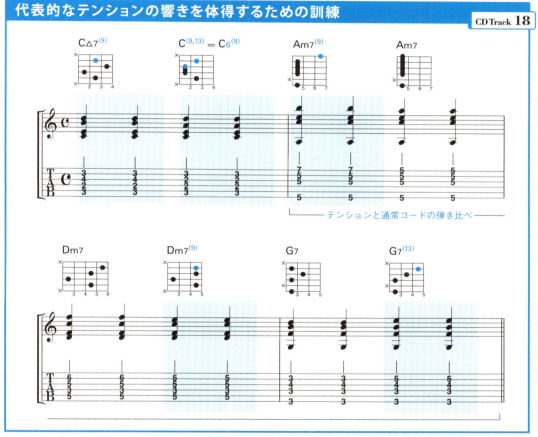

1小節目はコードCに対するテンション・コード。以降はテンションの有無の弾き比べ。響きに慣れていきましょう。

攻略ポイント

- ダイアグラムの色付きポジションがテンション
- この音の響きを確認しながら弾きましょう
- 譜例の模範演奏は指弾きです

Lesson 1-7 オープン・コードで広がりのあるサウンドを構築

STEP 1 仮想シチュエーション

J-POP風の曲を歌う若い女性Bさんから、ギターのサポートを頼まれたAさん。ボーカルとアコギでのデュオ形式での歌モノ・ポップスなので、"コードをジャカジャカ弾く伴奏だろうから、初見でも大丈夫かな"と快諾。そのリハーサルでのひとコマ。

B：Aさん、コードなんですが、もっと広がりのある感じになりませんか？

A：今のコードだと歌いにくい？

A：デュオなので、もっとブワ〜っと広がりのあるコードが欲しいです。アコギらしい変わった押さえ方のコードがありますよね？

B：ブワ〜っと広がりのあるコード?? どういうこと？

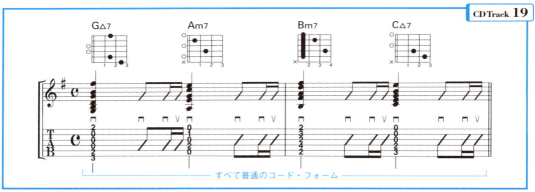

理論がわからない人のプレイ ▶ 普通にコードを弾いただけ。悪くはないが、やっつけ感の漂うプレイ。

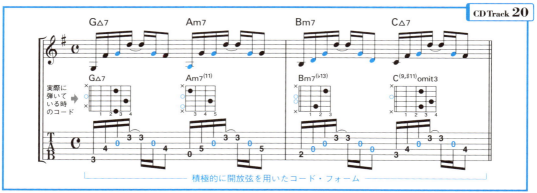

理論がわかる人のプレイ ▶ オープン・コードを取り入れ、レンジのコントロールをしっかりと意識。

STEP 2 理論解説

オープン・コードはアコギの真骨頂のひとつ。開放弦を多く使用した独特の響きが特徴です。通常のコードとは響きが違うので使いどころは慎重にするべきですが、ハマれば非常に音楽的に聴こえます。

心地よいサウンドのオープン・コードを作る方法

Q オープン・コードと普通のコード・フォームの違いは何ですか？

A オープン・コードは開放弦を混ぜたコードの押さえ方なので、通常のロー・コードもオープン・コードのひとつです。でも、実際にミュージシャン同士の会話に出てくるオープン・コードというのは、ひとヒネリした押さえ方をします。響きもかなり独特です。

例えば、G△7というコードがあった場合、普通ならロー・コードで弾くでしょう（図1）。

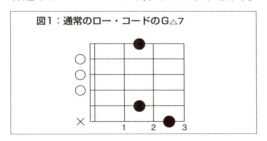

図1：通常のロー・コードのG△7

これをオープン・コードにしたのが図2です。このファ♯とソの音に注目しましょう。五線譜で確認すると、半音で隣接していますよね。通常、半音同士でぶつかるようなことは避けるのがセオリー。しかし、この近い音同士の響きが心地よい場合もあります。アコギではこういった演奏も大事なんですよ！

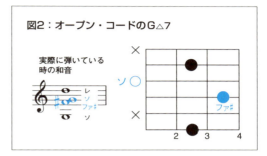

図2：オープン・コードのG△7

Q オープン・コードを作る時のポイントを教えて下さい。

A 最も簡単なオープン・コードの作り方は、開放音と押弦音の異弦同音を使う方法です。これはアコギならではの考え方で、おいしいサウンドを得る重要ポイントなんです。

例えば、ピアノなどの鍵盤楽器はド音は1個しかありません。あとは、オクターブ違いのド音ですよね。一方、アコギではド音は複数存在します（図3）。このような複数のド音を異弦同音と言い、弦楽器だけの強みなんです。

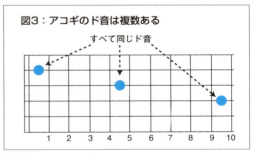

図3：アコギのド音は複数ある

Q 同じ音に何か意味があるんでしょうか？

A 同じ音であっても、ギターは弦の太さの違いや、弦が巻き弦かプレーン弦か、そして、押さえるフレットの位置によって、ニュアン

スや音色などがかなり変わります。また、ギターは完璧にチューニングが合うことはなく、微妙にズレるもの。ですから、異弦同音を同時に鳴らすと、完全一致ではなく微妙にズレながらも音が厚くなるという効果が出ます。合唱なんかもそうで、みんなで同じメロディを歌うと気持ちいいですよね。この効果が異弦同音の魅力なんです。

Q 異弦同音を実際に押さえるとどんなポジションになるんですか？

A 例えば、Aadd9というコードを弾く場合、普通なら図4左のポジショニングをします。一方、異弦同音オープン・コードの場合（図4右）、5弦開放A音を鳴らし、シの音を異弦同音でふたつ鳴らします。

Q だんだんわかってきました。ほかのポイントも教えて下さい。

A あとは、できるだけワイドに音を積み重ねることです。場合によっては、コードのルート音を一番低くする必要もありません。図5のAadd9を見て下さい。最低音がA音ではなくE音になっていますよね。これにより、音域がワイドになります。

オープン・コードはコード・ブックに載っていない場合が多いので、最終的には自分で作ることになります。ですから理論を学ぶ必要があるのです。と言っても理論を使いこなすには時間が必要なので、まずは使い勝手の良いフォームを次ページのP55に載せておきますので、その辺りから覚えていきましょう。

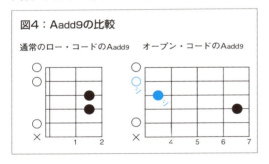

図4：Aadd9の比較

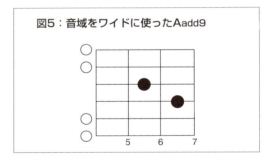

図5：音域をワイドに使ったAadd9

Lesson 1-7 まとめ
- 半音違いの音があれば利用する
- 積極的に異弦同音を使う
- 最低音はルート以外のコード構成音も使用

STEP 3 理論学習エクササイズ

1～2弦、6弦の開放音を終始利用した例

CD Track 21

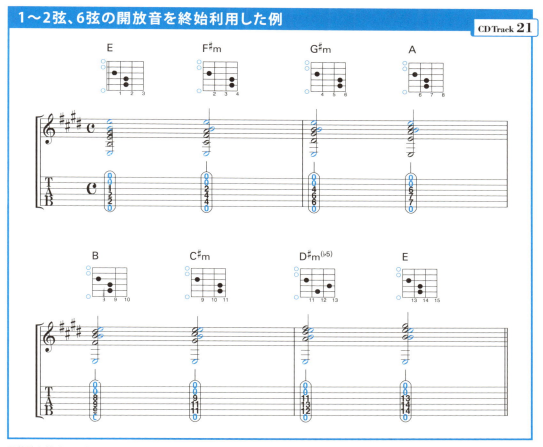

開放弦を絡めることにより、もとのコード・ネームとは異なった複雑な響きになります。

攻略ポイント

- まずコード・ネームを普通に弾きましょう
- 次に1～2、6弦の開放を常に鳴らして弾きます
- サウンドの違いを響きとして体感しましょう

Column 1 さまざまなコードの書き方

本書は一般的なコードの書き方を採用しましたが、このほかにもさまざまな表記法があります。特に手書きの場合、印刷物であまり見かけない表記を使い、ジャズではその傾向が顕著です。ここではそんなコードの書き方を整理していきましょう。

● **マイナー・コードの場合**

マイナー・コードでは"m"の変わりに"-"を用いることがあります。
【例】
- Cm＝C-
- Cm7＝C-7

● **オーギュメント・コードの場合**

メジャー・コードの5度を半音上げるオーギュメント・コードは、"aug"や"(♯5)"の代わりに"+"や"(+5)"を用いることがあります。
【例】
- Caug＝C$^{(♯5)}$＝C+＝C$^{(+5)}$

● **♭5thコードの場合**

♭5thで"(-5)"を使う場合があります。
【例】
- C$^{(♭5)}$＝C$^{(-5)}$

● **メジャー7thコードの場合**

メジャー7thコードで、"△7"の代わりに"M7"、"maj7"を使うことがあります。
【例】
- C△7＝CM7＝Cmaj7

● **メジャー9thコードの場合**

メジャー7thコードに9thを加えたメジャー9thコードの場合、"△7$^{(9)}$"を"△9"とする場合があります。
【例】
- C△7$^{(9)}$＝C△9

● **9thコードの場合**

7thコードに9thを加えた9thコードは、"7$^{(9)}$"を"9"とする場合があります。
【例】
- C7$^{(9)}$＝C9

● **ディミニッシュ、ハーフ・ディミニッシュの場合**

ディミニッシュやハーフ・ディミニッシュ（□m7$^{(♭5)}$の別称）は次のようになります。
【例】
- Cdim＝C○
- Cm7$^{(♭5)}$＝Cφ

第2章
コード進行の仕組み

ここではコード進行の決まりごとについて解説します。
理論の中で最も頭を使う部分なので、
わからない箇所は読み飛ばしてしまいましょう。
ひとつひとつ理解していくよりも、
何度も読み直す学習法がオススメです。

Lesson 2-1 コードの役割やコード進行のルールを知る

STEP 1 仮想シチュエーション

女性ボーカリストのBさんから、アコギで伴奏をしてほしいと頼まれたAさん。曲はBさんのオリジナル曲で、その音源を聴いてみると…。

A：Bさん、これ歌のメロディしか入ってないんだけど、譜面とかコード譜とかはないんですか？

B：Aさん、ごめんなさい。私、楽器がまったくできないので。コードもわからないんです。Aさん、コードを付けてくれませんか？

A：え！ 俺がコードを?!

B：はい、よろしくお願いします。明後日のリハーサル楽しみにしてますね♡

A：…。

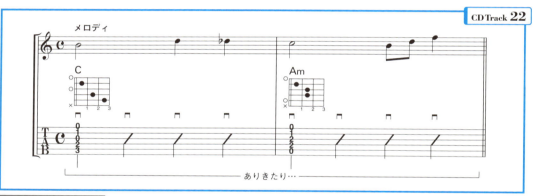

理論がわからない人のプレイ 曲のキーがKey=Cのようなので、コードCと、よく使うAmで押しとおしてみた。

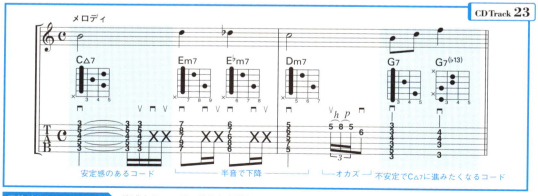

理論がわかる人のプレイ 後述するコードの機能を意識し、コードの流れも自然になるよう整えた例。

STEP 2 理論解説

曲の中で使用するコードは、それぞれ意味や機能があります。ここではコードにどんな機能があるかを確認していきましょう。

コードの機能を学べば才能の壁を打破できる

Q プロでも"理論なんか関係ね〜！"って言ってる人いますよね？

A ここだけの話ですが、あれはポーズの場合が多いんですよ。ダマされてはいけません。

確かに、理論をわかっていない伝説的なギタリストもいますが、そういう人は理論を上回る超人的な耳を持っているんです。

Q じゃあ、自分は超人じゃない、というところを認識したほうがいいんですか？

A 悲しいですが、そうですね（泣）。でも、理論を身につければ超人達と同じことができるんですよ！　お得じゃないですか？

コードの機能はたった3種類

Q でも、コードの機能って難しそう。

A コードの機能はシンプルです。トニック系コード、サブ・ドミナント系コード、ドミナント系コードの3種類だけですから。トニック系は曲のキーを決定づけ、最も落ち着いた安心感のあるコードです。図1でトニックの響きを確認して下さい（例えばDm7-G7-Cと弾いてみる）。曲を終わらせる時にトニックを使うと覚えておきましょう。

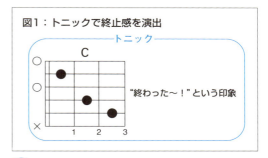

図1：トニックで終止感を演出

Q トニック・コード以外で終わらせることはないのですか？

A 時にリスナーを裏切るのも大切ですから、あえてトニックで終わらないこともあります。例えば、Dm7-G7と弾いて最後にコードFをジャラ〜ンと鳴らしてみましょう（図2）。終わった感じしませんよね？　まだ何か続くんじゃないか、みたいな感じですよね。

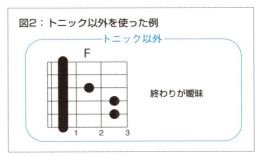

図2：トニック以外を使った例

Q トニック以外の機能の特徴は？

A ドミナント系コードは、次にトニック・コードを弾きたくなるという機能があります。機能というよりは人間の本能的な感じですね。トニック・コードが"The安心感"ならば、ドミナント系コードは"超不安定"です。不安定な響きを聴くと、安定したいという思いに

なり、トニック・コードに向かうわけです。

　そして、サブドミナント系コードは、トニック、ドミナントのようなハッキリした機能はありません。かなり柔軟で、どこにでもいけそうな響きが特徴です。

Q トニック、サブドミ、ドミナントはどうやって判断するのですか？

A まず、ドレミファソラシの7音で7個のコードを作ります。これをダイアトニック・コードと呼びます（図3）。

　図3のC△7がトニック、F△7がサブドミナント、G7がドミナントなのです。この3つのコードが最も大切で、この3つだけでも曲は十分に作れます。

Q 図3上のローマ数字は何ですか？

A これもコード表記で、あえてキーを設定しない書き方です。例えば、Key＝GのI△7はG△7となります。キーに対する相対的な書き方なので、すべてのキーに使えるわけです。

Q I△7のトニック、IV△7のサブドミナント、V7のドミナント以外のコードはどんな役割なんですか？

A 図4に示したとおり、すべてのコードは、トニック系、サブドミ系、ドミナント系に分けることができるんです。

　これらの機能は普通に曲を聴いているだけだとまず把握できません。ですから、ギターを弾く際は、必ず"これは安心感があるからトニックだ！"とか響きを意識して下さい。

図3：ダイアトニック・コード

図4：ダイアトニック・コードの分類

Lesson 2-1 まとめ

- トニック＝The安定
- ドミナント＝不安定な響き
- サブドミ＝ニュートラルな存在

STEP 3 理論学習エクササイズ

さまざまなキーでIV-V7-Iを弾く練習

CD Track 24

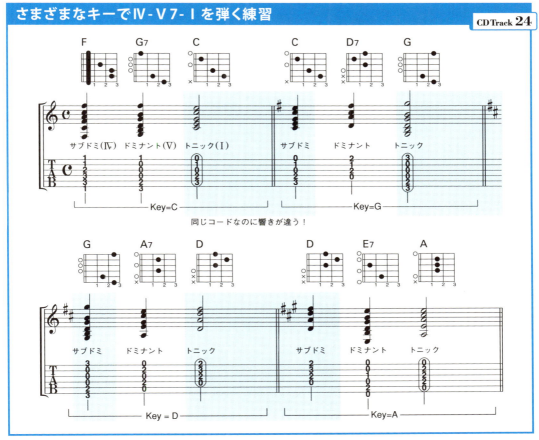

響きで覚えるようにすると、いずれ超人たちと同じことができるようになります。

攻略ポイント

- IV-V7-Iの流れを体感しましょう
- 4つのキーを意識しましょう
- この4つ以外のキーでも弾けるようにするとGOOD!

Lesson 2-2 一時転調の王道、セカンダリー・ドミナント

STEP 1 仮想シチュエーション

女性ボーカルBさんとユニットをやることになったアコギ弾きのAさん。Bさんが作曲するので、あとはリハーサル時に軽くアレンジをすれば仕上がりそうな雰囲気。ふたりだけのリハーサルを楽しむつもりが…。

B：曲は大体できたのですが、わからないところがあって困っているんです。

A：いいよ、いいよ！　あとはなんとかするよ！

B：本当に助かります。メロディがC#音になるところで、コードが合わないんですよ。

A：Key=CでC#音を使うわけね(汗)。

B：どうにかなりそうですか？

A：も、もちろん（と言いつつ、C#音のところでAmを弾くが妙なサウンドに…）。

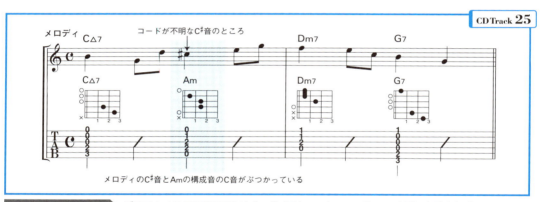

理論がわからない人のプレイ　C#音のところの転調を見抜けず、ダイアトニック・コードのAmを弾いた残念なプレイ。

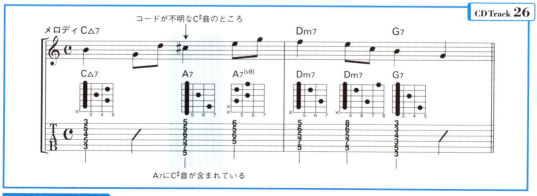

理論がわかる人のプレイ　転調を見抜き、最適なコードとなるA7を当てはめ、さらにテンション・コードのA7(♭9)も使用。

STEP 2 理論解説

コード進行はダイアトニック・コード以外も登場します。ダイアトニック・コード以外で最も使用されるのが、ここで説明するセカンダリー・ドミナントです。作曲やコード・アレンジでは必須事項と言えます。

ドミナントの親戚？
セカンダリー・ドミナント

Q セカンダリー・ドミナントって何？

A まず、セカンダリーの意味は、2番目、2次的な、補助的などです。"2次的なドミナント機能"と言われてもピンとこないと思いますが、本来はドミナントを使わない場所で"ドミナントを使おうぜ！"という意味なんです。

Q 無理矢理感が凄いですね(汗)。

A 無理矢理というか、仮定するのです(笑)。具体的な例を次の①〜④で説明しましょう。

①I△7-VIm7-IIm7-V7は、Key=Cで考えるとC△7-Am7-Dm7-G7です。

②この時、本来、IIm7のDm7を一時的にIm7ととらえます。つまりKey=Dmに一時転調したと考えます。

③Key=DmのドミナントはA7なので、Am7をA7に変えてしまいます。

④すると、A7-Dm7でV7-Im7が成立。図1のようにDm7に向かいたくなるA7……このA7がセカンダリー・ドミナントです。

```
図1：A7が使える理由

Key=C → I△7        IVm7    IIm7    V7
         C△7       Am7     Dm7     G7
         Key=Dm →  V7      Im7
                   A7      Dm7
                           ↑
                   Key=DmのIm7(トニック)

Key=Cから見るとA7はセカンダリー・ドミナント
```

Q Key=Cの場合、Am7ならすべてA7のセカンダリー・ドミナントが使えるんですか？

A 注意したいのは、何でもかんでもセカンダリー・ドミナントに入れ替えることはできません。あくまでもメロディなどの旋律がA7の構成音のとき限定です。Key=Cの例では、C♯音(A7の△3rd)の音が入っている場合、セカンダリー・ドミナントのA7が使用できます。一方、メロディがC音だった場合は使えないので、Am7をそのまま弾きます。

Q なるほど、メロディありきなんですね。

A 例えば、セッションなどでコード進行だけ決めて、アドリブをみんなで回すなんて時には、メロディがないので自由にセカンダリー・ドミナントが使えます。そのかわり、一時的にキーが変わるので、その点を意識しなけれなりません。

まだまだあるぞ！
セカンダリー・ドミナントのパターン

Q 例えば、I△7のトニックもセカンダリー・ドミナントにできますか？

A もちろん、可能です。ただし、C7にす

るということは、一時的にKey=Fになることでもあります。よって、Am7には進めません。C7-FというKey=FのV7-IならOKです（図2）。

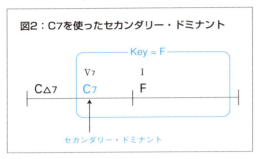

図2：C7を使ったセカンダリー・ドミナント

Q ほかのセカンダリー・ドミナントのパターンは？

A 例えば、Key=Cで、C△7-Bm7(♭5)-Emという進行があるとします（図3の①）。

このEm7をIm7と仮定すると、Bm7(♭5)をB7のセカンダリー・ドミナントに変えることができます（図3の②）。①と②を弾き比べ、セカンダリー・ドミナントのグッとくる感じを覚えちゃいましょう。

ほかには図4のパターン。このAm7をIm7と仮定すると、Em7をE7のセカンダリー・ドミナントに変えることができます。E7に変えたほうが色気が出てきますよね〜！

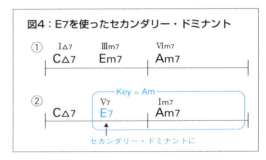

図4：E7を使ったセカンダリー・ドミナント

あと、Dm7をD7としたパターンもありますので、これらすべてを図5にまとめておきます。

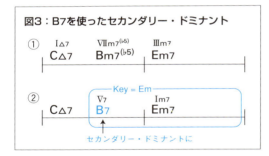

図3：B7を使ったセカンダリー・ドミナント

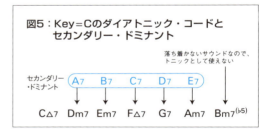

図5：Key=Cのダイアトニック・コードとセカンダリー・ドミナント

Lesson 2-2 まとめ

- セカンダリー・ドミナントはコード進行に色気を演出
- コードの構成音とメロディがぶつかっていないか確認
- 一時的にキーが変わるので要注意です

コード進行の仕組み　第2章

STEP 3　理論学習エクササイズ

セカンダリー・ドミナントの雰囲気＆パターンの習得譜例

CD Track 27

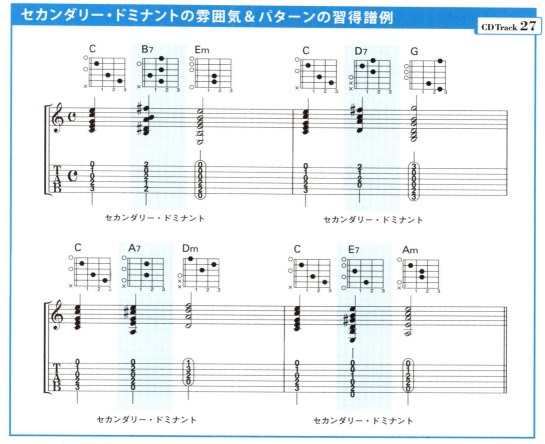

Key=Cでのパターンを覚えていきましょう。慣れてきたら別のキーでもチャレンジ！

攻略ポイント

- 各小節ごと、4つのセカンダリー・ドミナントが登場
- キーがKey=Cであることを確認！
- セカンダリー・ドミナントの次コードに向かう雰囲気に注目

Lesson 2-3 サブドミナント・マイナーで一瞬マイナー・キーへ転調

STEP 1 仮想シチュエーション

作曲をする後輩Bさんから、コードがわからないから教えてほしいと言われたAさん。先輩の体面もあるので、ここはひとつバシッと教えようと意気込んだ。その結果は如何に!!

B：先輩、どうしてもコード付けがわからないところがあるので、助けて下さい。

A：何だよ、コードもわからないのかよ。

B：いやぁ、いつもはサクッとコードを当てはめられるのですがが…。

A：どれどれ、見せてごらん。

B：Key=Cなんですが、メロディがA♭音とかになるところがあって。ここがお手上げで。

A：う〜ん、なんだろうね（汗）。

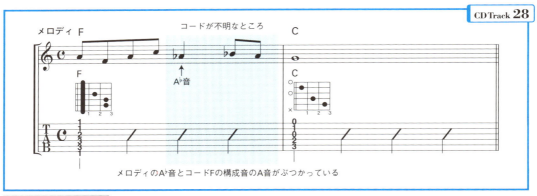

理論がわからない人のプレイ　どんなコードが適切かわからず、とりあえずコードFを使ってみた。

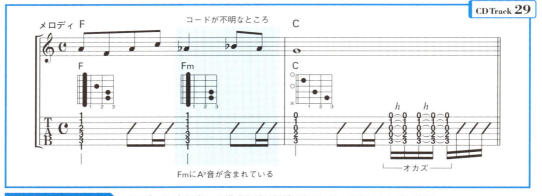

理論がわかる人のプレイ　メロディのA♭音がFmの構成音だと判断できている。さらにオカズも追加。

STEP 2 理論解説

ダイアトニック・コード上にはないコードに、サブドミナント・マイナーというものがあります。前項のセカンダリー・ドミナント同様、よく使われるので、覚えておきましょう。

サブドミナント・マイナーはマイナー・キーからの借用だった！

Q サブドミナントは、普通メジャー・コードですよね？ 何でサブドミナント"マイナー"と言うんですか？

A Key=Cの場合、サブドミナントはコードF、もしくはF△7です。どちらもメジャー・コードなので、"マイナー・コードに変わってしまって大丈夫なの？"と疑問に思うでしょう。

ということで、図1のF-Fm-Cの進行を弾いて、聴感上で確かめてみましょう。

Q どこかで聴いたことがあるような、印象的なサウンドですね。

A そうでしょ！ この進行は、有名アーティストの曲で頻繁に使われているんです。普通にF-Cと弾くよりも、Fmを挟んだほうが、より哀愁漂う流れになりますよね。これがサブドミナント・マイナーの効果なんです。

Q でも、何でマイナー・コードが使えるんですか？

A 図2で、Key=CとKey=Cmのダイアトニック・コードを見て下さい。すると、4番目のコードはKey=CではF△7（サブドミナント）ですが、Key=CmはFm7とマイナー系コードになっています。

このようにKey=CでKey=Cmのサブドミナントを借りてきたものを"サブドミナント・マイナー"と言います。

Q Key=CとKey=Cmは、ともにC音から始まるキーというのがポイントですね。

A そのとおり！ キーのスタート音の

図1：FをFmにしたサブドミナント・マイナー

F　　Fm　　C
　　　↑
　サブドミナント・マイナー

図2：Key=CとKey=Cmのダイアトニック・コードでサブドミナント・マイナーを確認

● Key=Cのダイアトニック・コード

I△7	IIm7	IIIm7	IV△7	V7	VIm7	VIIm7(♭5)
C△7	Dm7	Em7	F△7	G7	Am7	Bm7(♭5)

● Key=Cmのダイアトニック・コード

Im7	IIm7(♭5)	♭III△7	IVm7	Vm7	♭VI△7	♭VII7
Cm7	Dm7(♭5)	E♭△7	Fm7	Gm7	A♭△7	B♭7

ことを主音（トニック音）と言い、Key=CとKey=Cmは主音が同じになっていますよね。

Key=CとKey=Cmのような関係を同主調と言います（図3）。

```
図3：Key=CとKey=Cmの関係

    Key = C  ⇐ 同主調 ⇒  Key = Cm
```

Q 親戚のような関係ですね。

A 正しいイメージですね。親戚のようにかなり近い関係にあるので、コードの借用ができるわけです。

Q 借りることができるのはFmだけですか？

A Key=CのサブドミナントはF△7とDm7（IV△7とIIm7）です。ということは、Dm7に対してのサブドミナント・マイナーもあります。図4を見るとわかりますが、Dm7$^{(♭5)}$が使用可能です。Dm7-Dm7$^{(♭5)}$-G7-C△7を弾いて、サブドミナント・マイナーのDm7$^{(♭5)}$のサウンドを体感して下さい。

ほかにも、サブドミナント・マイナーはあるのですが、非常に話が難しくなるのでここでは省略します。その代わり、Fm7とDm7$^{(♭5)}$を確実に暗記して下さいね。

Q ところで、ミュージシャン同士の会話でサブドミナント・マイナーって使いますか？

A もちろん使いますよ。でも、サブドミ・マイナーと呼ぶことが多いようです。

図4：Dm7$^{(♭5)}$もサブドミナント・マイナー

● Key=Cのダイアトニック・コード

I△7	IIm7	IIIm7	IV△7	V7	VIm7	VIIm7$^{(♭5)}$
C△7	Dm7	Em7	F△7	G7	Am7	Bm7$^{(♭5)}$

● Key=Cmのダイアトニック・コード

Im7	IIm7$^{(♭5)}$	♭III△7	IVm7	Vm7	♭VI△7	♭VII7
Cm7	Dm7$^{(♭5)}$	E♭△7	Fm7	Gm7	A♭△7	B♭7

Lesson 2-3 まとめ

- サブドミ・マイナーを使うと哀愁漂う進行に！
- Key=CとKey=Cmは、親戚のような関係
- Fm7（IVm7）とDm7$^{(♭5)}$（IIm7$^{(♭5)}$）を丸暗記！

STEP 3 理論学習エクササイズ

Key=CとKey=Cmの2種類のダイアトニックの演習

CD Track 30

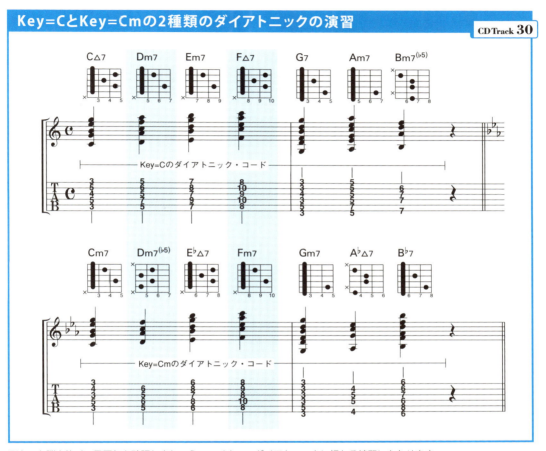

両キーを弾き比べ、雰囲気を確認しましょう。マイナー・ダイアトニックに慣れる練習にもなります。

攻略ポイント

- Key=CとKey=Cmの2種類を使用
- 各ダイアトニック・コードの雰囲気を確認
- FmとDm7(♭5)は特に意識すべし!

Lesson 2-4 ディミニッシュ・コードで半音のベース・ラインを作る

STEP 1 仮想シチュエーション

フォーク・サークルで最年長のAさん。サークル内ではギターをちょっと教えたりして、人望もありみんなから慕われている存在。そんなAさんに、若手女子ギタリストのBさんから次のような質問をされた。

B：どうしても耳コピができないんです。

A：耳コピは経験だからね～。いっぱいやって耳を良くしないと。

B：よくわからない箇所があって。教えてもらえませんか？

A：いいよ！　どれどれ？

B：コードCとDm7の間のコードがわからないんです。

A：うっ！　何だろう、このコード（汗）。

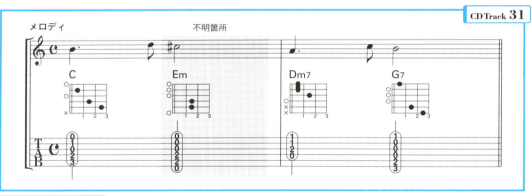

理論がわからない人のプレイ　コードCとDm7の間にダイアトニックのEmを適当に挿入しただけ。

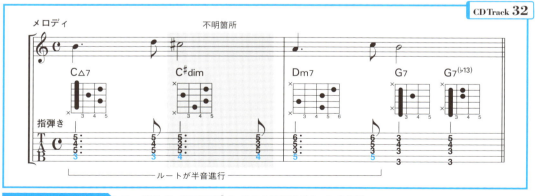

理論がわかる人のプレイ　コードCとDm7の間にC♯dimを入れる頻出パターンを使用。

STEP 2 理論解説

使いづらいイメージのあるディミニッシュ・コードですが、ベース・ラインを半音で上昇させる際、非常に便利です。単にコード進行ネタとして丸暗記しても問題ないのですが、せっかくなので、なぜこのような使い方が可能なのかを理論的に解説しましょう。

ディミニッシュ・コードが使える理由

Q 何でC-C♯dim-Dm7の進行が使えるんでしょうか？

A C♯dimはノン・ダイアトニック・コードなので、いきなり降って湧いたように感じるでしょう。でも、理論立てて考えることが可能です。

C♯dimはアレンジされたコードなので、以下で順を追って説明しましょう。

Q もともとはシンプルなコード進行だったのですか？

A そうなんです。まず、①の図を見て下さい。C△7-Am7-Dm7（I△7-VIm7-IIm7）……これが原形と仮定します。①はすべてダイア

トニック上のコードなので、問題ないですよね。

次に、①のAm7をセカンダリー・ドミナントのA7にします。すると②のようにC△7-A7-Dm7という進行に変わります。

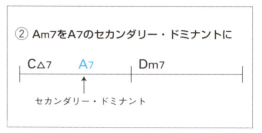

Q 以前、学んだセカンダリー・ドミナントの登場ですね。

A そのとおりです。詳しくは、P62のセカンダリー・ドミナントをもう一度読み返して下さいね。次に、A7に♭9thを加えA7(♭9)とします（③）。

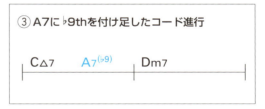

このA7(♭9)のコードのルート以外に注目して下さい。上部4音は、何とC♯dimの構成音です。図1を見ると一目瞭然！

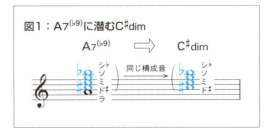

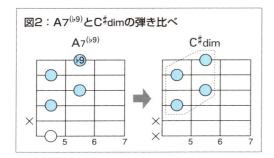

図2：A7(♭9)とC♯dimの弾き比べ

実際にギターでA7(♭9)とC♯dimを弾いて確認すると、わかりやすいと思います（図2）。

Q ふと思ったのですが、C△7-C♯dim-Dm7の進行は、各コードのルートがC音-C♯音-D音と半音で上昇していますね。

A その点もポイントです。実際に弾く時には、ベース・ラインの移動も考えましょう。せっかく半音ずつ進んでいるので、ギターでもこの流れを崩さないように弾くことが重要です。図3でベース音の流れを確認しましょう。

Q ディミニッシュ・コードを挟み込むことによって、半音の流れができるわけですね。

A ディミニッシュ・コードを使うことによってできた半音のベース音の流れを含むコード進行のことを"パッシング・ディミニッシュ"と呼びます。

Q パッシング・ディミニッシュにはC-C♯dim-Dm7以外もあるんですか？

A あります。次ページのP73の譜例で代表的なパターンをすべて網羅しましたので、取り組んで下さい。作曲、耳コピで大いに役立つはずですよ。

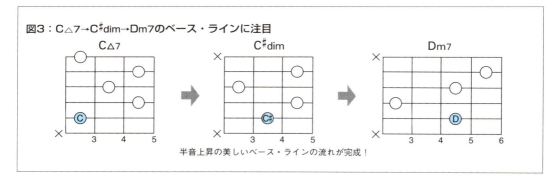

図3：C△7→C♯dim→Dm7のベース・ラインに注目

半音上昇の美しいベース・ラインの流れが完成！

Lesson 2-4 まとめ

- A7(♭9)の中にはC♯dimの構成音が含まれる
- 半音のベース・ラインが印象的
- 理論用語ではパッシング・ディミニッシュと呼ぶ

第2章 コード進行の仕組み

STEP 3 理論学習エクササイズ

すべてのダイアトニックにパッシング・ディミニッシュを挿入

CD Track 33

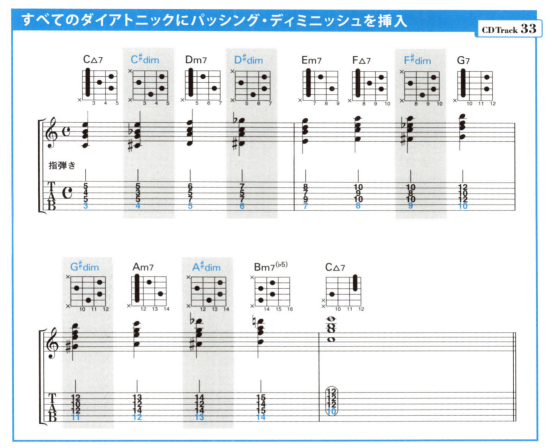

キーはKey=Cです。半音のベース音の流れに注目して弾きましょう。

攻略ポイント
- 半音で移動しているベース・ラインに注目
- Em7とF△7は半音のためdimの使用は不要
- Bm7(♭5)とC△7も同様

Column 2 ノン・ダイアトニック・コードを用いた代理コード

代理コードはダイアトニック・コード以外もあります。ここではノン・ダイアトニック・コードの代理コードについて簡単に解説します。

● トニック系

トニック系の代理コードはIV#m7(♭5)で、Key=Cの場合はF#m7(♭5)になります(図1)。例えば、C△7-F△7-Em7-Am7の4小節があったとします。これを2回くり返す時にトニックのC△7をF#m7(♭5)に置き換えてF#m7(♭5)-F△7-Em7-Am7にします。すると、ベース音がF#音→F音→E音という半音の美しい流れが出来上がります。

図1:トニック系のノン・ダイアトニック代理コード

I△7 → #IVm7(♭5)
C△7 → F#m7(♭5)
(Key=C)

● サブドミナント系

サブドミナントにもノン・ダイアトニックの代理コードはあります(図2)。最も良く使われるのが、VII7(B7)です。J-popでも、一時期こぞって使われていました。一番有名な流れはI△7-VII7-IIIm7(Key=Cの場合、C△7-B7-Em7)です。I△7-IV△7-IIIm7(C△7-F△7-Em7)を変形したもので、とにかくカッコいいんですよ。

図2:サブドミナント系のノン・ダイアトニック代理コード

IV△7 → VII7 #IVm7(♭5) ♭VII△7
F△7 → B7 F#m7(♭5) B♭△7
(Key=C)

● ドミナント系

ドミナント系は♭II7のみです。Key=Cの場合にはD♭7になります(図3)。

図3:ドミナント系のノン・ダイアトニック代理コード

V7 → ♭II7
G7 → D♭7
(Key=C)

●《おまけ》サブドミナント・マイナー系

サブドミナント・マイナーにも代理コードがあります(図4)。♭VI△7、♭IIm7は、エンディングなどでよく使われます。

図4:サブドミナント・マイナーの代理コード

代理コード	Key = Cの場合
♭VII7	B♭7
IIm7(♭5)	Dm7(♭5)
♭IV7	A♭7
♭IV△7	A♭△7
♭IIm7	D♭m7

第3章 スケールの仕組み

理解してから実際の演奏に結びつくまで時間のかかるのがスケール理論です。
つまり、スケールを覚えてもソロがスラスラと弾けるようにはなりません。
しかし、スケールを知ることによってコピーの吸収力が向上したり、
のちのフレージング能力が伸びたりと、ミュージシャンとしての基礎体力は
確実にアップします。

Lesson 3-1 メジャー・スケール マイナー・スケールの違いと関係

STEP 1 仮想シチュエーション

社員旅行でのひとコマ。泊まった宿に、宴会の小道具としてアコギがあった。それを見つけた上司Bさんから、「何か余興をやれ」と無茶ぶりをされるAさん。後輩も期待の眼差しで見てるし、失態を犯すわけにはいかない。

B：A君、そういえば君はギターが弾けるんだよね。

A：弾けると言うか、趣味で少々…。

B：ここにギターがあることだし、君の演奏で宴会を盛り上げてくれないか？

A：そんな無茶ぶりを…。

B：みんな、これからA君がギター弾いてくれるってよ！

A：準備ぐらいさせてよ…（泣）。

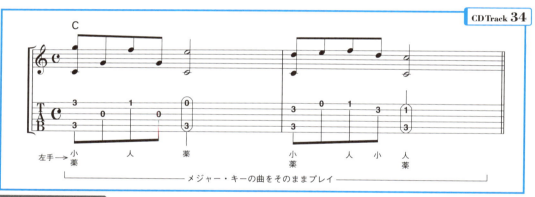

理論がわからない人のプレイ　ドイツ民謡「ぶんぶんぶん」を普通に演奏。面白みに欠ける。

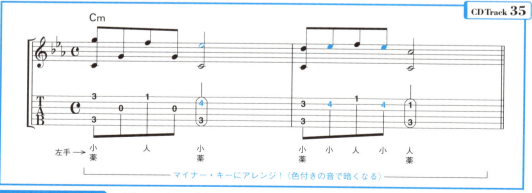

理論がわかる人のプレイ　メジャー・キーの曲をマイナーにアレンジ。意外性がインパクトに！

「SUMM SUMM SUMM BIENCHEN SUM HERUM」by TRADITIONAL

STEP 2 理論解説

ここではメジャー・スケールとマイナー・スケールの関係を探っていきましょう。どんなインターバル（音の間隔）で構成されているか、また、両者にどんな違いがあるのかを理論的、聴感上の両方から見ていきます。

明るい響き、暗い響きの要因を探る

Q メジャー・スケールって、いわゆるドレミですよね？

A そうです。メジャーは明るいというニュアンスを含んでいるので、メジャー・スケールを日本語にすると"明るい音階"になります。この呼び方のほうがイメージは湧きやすいようにも思いますが、とにかく明るく聴こえます。

Q 明るく聴こえるツボはどこに？

A コードの章でも学びましたが、△3rd音が大きなポイントです。これが明るく聴こえるポイントです。Cメジャー・スケールのインターバルを見ていきましょう。ドレミと並べていくと、音符同士の間隔が全全半全全全半というスケールになります（図1）。この間隔がメジャー・スケールのインターバルで、無条件で明るく聴こえてしまうんです。2弦上で弾いて確認しましょう。

Q マイナー・スケールはどうなんでしょ？

A マイナー・スケールは、3番目、6番目、7番目の音が半音下がり、これらはm3rd、m6th、m7thとなります。音符同士の間隔は全半全全半全全となり、この間隔がポイントです。どちらのスケールも、ひとつでも間隔がズレると、メジャー、マイナー・スケールに聴こえなくなってしまうんです。

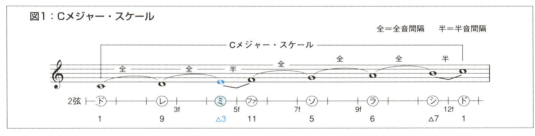

図1：Cメジャー・スケール

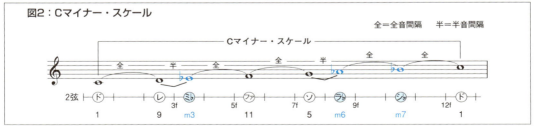

図2：Cマイナー・スケール

Q スケールの始まる音がC音以外に変わっても、これらの間隔にすればメジャー、マイナー・スケールが作れますか？

A 作れます。例えば、Gメジャー・スケールを作る場合、ソ音(G音)からスタートさせ、全全半全全全半の間隔になるようにします。

Cメジャー・スケールに潜む、Aマイナー・スケール

Q Aマイナー・スケールを作ってみて気づいたのですが、Cメジャー・スケールとまったく同じ構成音なんですよ！

A 良いところに気づきましたね。図3を見て下さい。ドレミを2オクターブ並べてみると、途中のラからラまでの間隔がマイナー・スケール間隔になっているのがわかりますよね。つまり、Cメジャー・スケールの中には、Aマイナー・スケールが潜んでいるんです。

メジャー・スケールを作ると、自然とマイナー・スケールが出来上がってしまうので、自然的短音階＝ナチュラル・マイナー・スケールと呼びます。でも、長いので(笑)、普段はマイナー・スケールと呼んでます。

Q Cメジャー・スケールとAマイナー・スケールは特別な関係なんですね。

A この平行関係を"平行調"と言います。メジャー・スケールのスタート音のフレット3個分下(1.5音下)にあるマイナー・スケールが平行調です。Cメジャー・スケールとAマイナー・スケールの場合、6弦8フレットのC音と6弦5フレットA音になります。

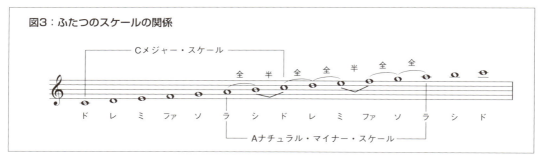

図3：ふたつのスケールの関係

Lesson 3-1 まとめ

- 全全半全全全半＝メジャー・スケール
- 全半全全半全全＝マイナー・スケール
- 平行調の関係性もチェック

STEP 3 理論学習エクササイズ

メジャー・スケールの曲をマイナー・スケールで弾く

CD Track 36

色付きの音を半音上げるとメジャー・スケールに

「カエルの歌」は明るい曲ですが、これを暗いマイナー曲にソロ・ギター・アレンジ。

「FROSCH GESANG DER」by TRADITIONAL

攻略ポイント

- 原曲はメジャー・スケール
- マイナー・スケールのメロディに変更
- 響きの違いに注目

Lesson 3-2 ソロ・プレイの便利アイテム、ペンタトニック・スケール

STEP 1 仮想シチュエーション

ここは、とある大学の音楽系のサークル。ギター暦の浅いAさんは、常々、先輩Bさんのようにうまくなりたいと思っていた。今日はそんな先輩Bさんとセッションができるチャンス。日頃の疑問をいろいろと投げかけてみた。

A：僕も、先輩みたいにアドリブとかやってみたいんですけど、教え下さい。

B：あれだよ、アレ。ペンタとかで適当にブワ〜っと弾いてるだけだよ。

A：ペンタ？？　適当？？

B：じゃあアドリブでソロを弾いてみて。

A：こんな感じでしょうか（と言って、コードのアルペジオを弾き出す。）

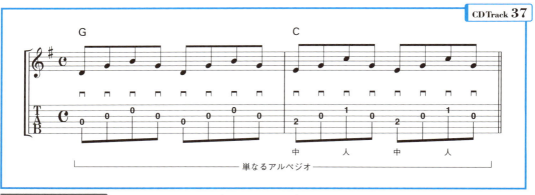

理論がわからない人のプレイ　どうして良いかわからず、普通にアルペジオを弾いてしまった。

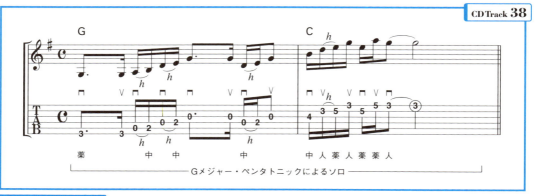

理論がわかる人のプレイ　メジャー・ペンタが適切と判断し、歌うようなアドリブをサラッとやってのける。

STEP 2 理論解説

アドリブや、オブリガート（伴奏の合間に挟む短いソロのようなフレーズ）など、ソロを弾く時に最も重宝するのがペンタトニック・スケール、通称ペンタです。ペンタは、メジャー・ペンタトニック・スケールとマイナー・ペンタトニック・スケールの2種類があり、これさえ知っていれば大抵の曲でソロが弾けるようになります。

メジャー・ペンタトニック・スケールの構造について

Q ペンタの構造はどのようになっているんですか？

A まず、Cメジャー・スケールを並べてみます。これは7音音階です。次に、ドを1番目と考えて、4番目と7番目のファとシを抜きます。そうするとドレミソラの5音音階が完成します。これがCメジャー・ペンタトニック・スケールです（図1）。メジャー・スケールよりも簡単でしょ？

Q ファやシを抜くことに特別な意味があるんですか？

A Key=Cで考えた場合、コードCの構成音はドミソで、ドとミが入っています。この音が鳴っている時にファやシの音を鳴らすと、半音同士がぶつかってしまいます。

それなら"最初から危なそうな音は抜いちゃおうよ！"ということで4番目と7番目のファとシを抜くわけです。だから、難しいことは考えずに適当に弾いても、何とかなるんです。

マイナー・ペンタトニック・スケールの構造について

Q では、マイナー・ペンタトニック・スケールの構造は？

A Key=Cmで考えましょう。Cナチュラル・マイナー・スケールの2番目、6番目を抜きます。するとド、ミ♭、ファ、ソ、シ♭の5音が残り、Cマイナー・ペンタトニック・スケールが完成します（次ページの図2）。

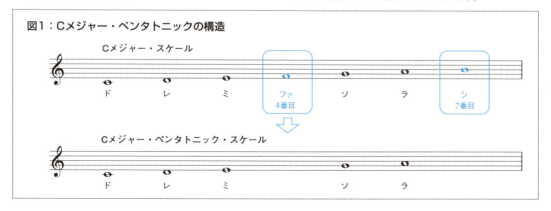

図1：Cメジャー・ペンタトニックの構造

Q いきなり2種類も覚えられません！

A Cメジャー・スケールとAマイナー・スケールは同じ構成音だったですよね。同じようにCメジャー・ペンタ(ドレミソラ)とAマイナー・ペンタ(ラドレミソ)は同じ構成音なのです！

Q でも、実際に弾く時はどうすればいいのでしょうか？

A 図3の形を覚えてしまえばOK！ 6弦8フレットのC音から弾き始めるとCメジャー・ペンタになり、6弦5フレットA音から弾き始めるとAマイナー・ペンタになります。結局はどちらも同じ構成音なので、このポジションひとつで両ペンタが弾けます。

あとはギターの特性を生かして、図3の形を横にポジションをずらせば、すべてのキーに対応できますよ。

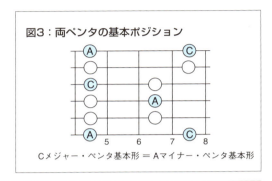

図3：両ペンタの基本ポジション

Cメジャー・ペンタ基本形 ＝ Aマイナー・ペンタ基本形

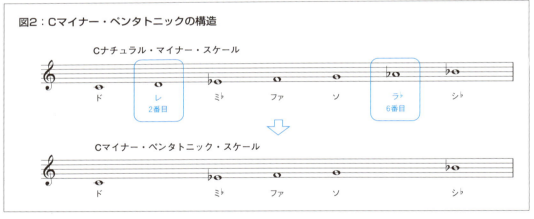

図2：Cマイナー・ペンタトニックの構造

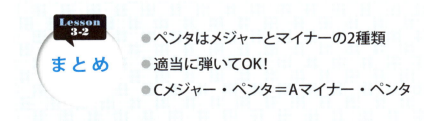

Lesson 3-2 まとめ
- ペンタはメジャーとマイナーの2種類
- 適当に弾いてOK!
- Cメジャー・ペンタ＝Aマイナー・ペンタ

STEP 3 理論学習エクササイズ

主要4種類のキーでのスケール練習

CD Track 39

各小節のキーは、Key=C、Key=G、Key=D、Key=A。それぞれのキーでペンタを弾きます。

攻略ポイント

- Cメジャー／Aマイナー・ペンタなどの関係を意識
- 形はすべて同じなので、横移動に注目
- ピックを使ってオルタネイト・ピッキングで

Lesson 3-3 チャーチ・モードの仕組みを解明

STEP 1 仮想シチュエーション

最近流行のアコギ・インスト・デュオをやりたいと後輩Bさんから誘われていたAさん。ふたりでソロの掛け合いができたらどんなにカッコいいだろうと淡い期待を持ちながらOKをした。ということで、スタジオで練習を始めることにしたが…。

B：Aさん、ここでアドリブの掛け合いをするんですけど。
A：うんうん、どうした？
B：どんなスケールを使うんですか？
A：とりあえずペンタでいいんじゃないの？
B：コード進行は意識しないんですか？
A：そんな難しそうな方法を知らないんで…。
理論的にはどうしたら良いんだろう？

理論がわからない人のプレイ Dマイナー・ペンタで押し通し、コード展開は無視。

理論がわかる人のプレイ コード展開に沿ったチャーチ・モードをチョイス。

STEP 2 理論解説

各コードにてスケールを当てはめる際に使用されるのがチャーチ・モードです。しかし、詳しく解説すると非常に難しい上、実際の演奏ではかなりの練習と経験が必要となります。よって、ここではサラッと概要を説明しておきますので、知識としてストックして下さい。

実はシンプル！チャーチ・モードの正体

Q チャーチ・モードってなんですか？

A チャーチ・モードは教会旋法とも言うのですが、この言葉自体が難しく聞こえちゃいますよね。簡単に言うと、昔は教会で音楽を演奏していましたが、その時、使用していたスケールがチャーチ・モードです。現代はジャズ、フュージョン的なインストなどで応用されています。

Q 具体的に、チャーチ・モードはどんなスケールなんですか？

A チャーチ・モードのスケールは全部で7種あります。でも、実質、ドから始まってドで終わるイオニアン・スケールを1種類覚えるだけです。

Q でも、これってメジャー・スケールですよね？ 覚える必要すらないような…。

A そうです（笑）。このイオニアン・スケールはメジャー・スケールと同じになります。

Q ほかの6種類は？

A 残りは、イオニアンの音符を並び替えるだけです。

- ドリアン＝レから始まる音階
- フリジアン＝ミから始まる音階
- リディアン＝ファから始まる音階
- ミクソリディアン＝ソから始まる音階
- エオリアン＝ラから始まる音階
- ロクリアン＝シから始まる音階

このようになります。

各スケールのアタマの1文字を取り、"イ・ド・フ・リ・ミ・エ・ロ（井戸振り、見えろ）"と語呂合わせで覚えましょう（図1）。

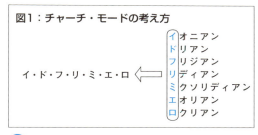

図1：チャーチ・モードの考え方

イ・ド・フ・リ・ミ・エ・ロ ← イオニアン／ドリアン／フリジアン／リディアン／ミクソリディアン／エオリアン／ロクリアン

Q イオニアンを並び替えて、スタートの音を変えただけですか？

A そうなんです。昔の教会音楽にはコードの概念がなく、単音での旋律がメインだったんです。ここがチャーチ・モードのポイントで、現在みたいに、コードをガンガン鳴らしてその上でアドリブなんて考え方ではなく、旋律だけでコード的な雰囲気を出していたんですね。例えば、Dmっぽくしたいなと思ったら、レから始まるDドリアンを弾くと、自

然とDmっぽい雰囲気が生まれます。これがチャーチ・モードの考え方です。

とりあえず、ドリアンとミクソリディアンを覚えよう

Q この7種類は全部覚えた方が良いですか？

A イオニアンはOKですよね。それから、エオリアン……これはナチュラル・マイナー・スケールです。このほか、大事なのはドリアンとミクソリディアンです。これらは頻度も高いですし、お洒落な雰囲気のジャズや、フュージョンなどアコギ・デュオをやるなら必須です。

Q フレージングのポイントは？

A 強調するとそのスケールの特徴が出やすくなる音というのがあるんですね。Dドリアンなら特にシの音（13th）が大切で、これをDm7で強調するわけです。Gミクソリディアンならファの音（m7th）をG7で強調します。

ほかのスケールとともに図2に示しておきます。図2の1マスが半音になっていて、スケールの音は度数で書かれています。色の付いている音は強調すべき音です。

図2：チャーチ・モードの構造

メジャー系 3種

イオニアン (メジャー・スケール)	1		9	△3	11	5	13	△7	1
リディアン	1		9	△3	♯11	5	13	△7	1
ミクソリディアン	1		9	△3	11	5	13	m7	1

マイナー系 4種

エオリアン (マイナー・スケール)	1		9	m3	11	5	♭13	m7	1
ドリアン	1		9	m3	11	5	13	m7	1
フリジアン	1	♭9		m3	11	5	♭13	m7	1
ロクリアン	1	♭9		m3	11	♭5	♭13	m7	1

※色付きの音＝強調すべき音
※各スケールは、太枠の音を含むコードで使用可

まとめ

- チャーチ・モードはドレミの変形
- 覚え方はイ・ド・フ・リ・ミ・エ・ロ
- メジャー系、マイナー系の2種類に大別

STEP 3 理論学習エクササイズ

DドリアンのGミクソリディアンのスケール演習

CD Track 42

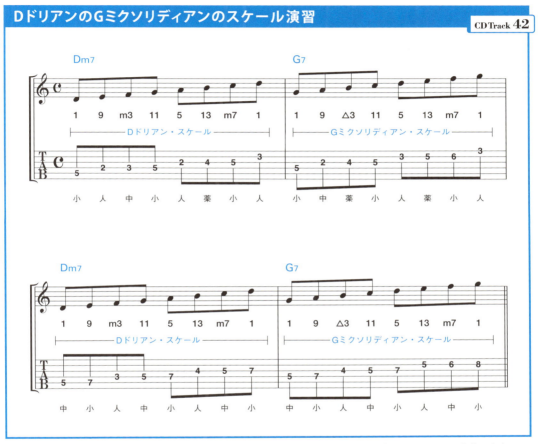

1、3小節目のDm7ではDドリアン・スケールで弾きます。2、4小節目のG7ではGミクソリディアン・スケールを使います。

攻略ポイント

- ドリアンとミクソリディアンを各2種類のポジションで弾いています
- 度数で把握するのもおススメです
- ピッキングはオルタネイト・ピッキング

Lesson 3-4 ハーモニック・マイナーと、その派生形のスケール

STEP 1 仮想シチュエーション

女性ボーカルBさんのアンプラグド・バンドに参加することになったAさん。生ピアノ、カホン、ウッド・ベースなどかなり豪華な編成なので、予習もバッチリで臨んだが…。

B：Aさん、このC△7-A7-Dm7-G7のところの間奏、普段はピアノがソロを弾いてますけど、せっかくなんでAさんが弾いてみませんか？

A：えっ、ソロを？

B：この編成だし、雰囲気も良いと思うんですよ。適当に弾いちゃって下さい！

A：C△7-A7-Dm7-G7のA7はセカンダリー・ドミナントですよね。ここで転調しているけど、まあ、ペンタで何とかなるかな。

B：無理っぽいですね、あはは（汗）…。

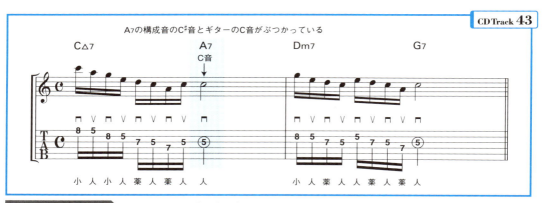

理論がわからない人のプレイ　ペンタで弾いたが音がハズれ、空気が凍りつく。ブリザード・プレイ。

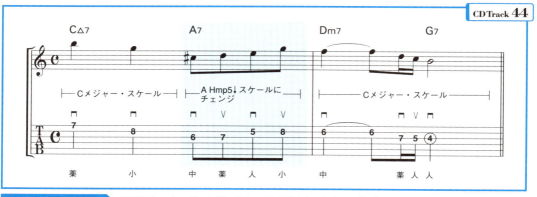

理論がわかる人のプレイ　A7でスケール・チェンジ。涼しい顔で乗りきったクールなプレイ。

第3章 スケールの仕組み

STEP 2 理論解説

よく登場するコード進行だけど、いざソロを弾いてみたら音がハズレてしまった……なんてことがあると思います。そんな時に注目したいのが、マイナー・コードに進むセカンダリー・ドミナントの存在です。

ここでは、この時にマッチするスケールを解説していきます。

マイナー・コードに進む
セカンダリー・ドミナントに合うスケール

Q C△7-A7-Dm7-G7は、どこから手をつければ良いんですか？

A まずは、コード進行を見て、ノンダイアトニック・コードを探しましょう。C△7-A7-Dm7-G7の進行だとどれでしょう？

Q A7ですか？

A そうです。Key=Cなので、ダイアトニックならAm7となるのですが、A7になっています。よって、このコードがノンダイアトニック・コードです。これに気がつかずにCメジャー・スケールで弾き通してしまうと、音がハズれます。

ところで、このA7-Dm7のコード進行、どこかで見たことありませんか？

Q 2章で学んだセカンダリー・ドミナントですよね。

A 正解です。このA7はDm7をIm7と考え、セカンダリー・ドミナントに変えたものです。A7の構成音には、Key=Cのダイアトニック・コードに登場しないC♯音（A7の△3rd）が入っているので、この音を弾くことがとても重要になります。

Q A7でどんなスケールが使えるんですか？

A A7は一時的にKey=Dmになっていますので、Dナチュラル・マイナー・スケールが使えそうな気がしますよね。でも違います。

Q Dナチュラル・マイナーが使えない？

A 図1を見て下さい。A7の構成音にC♯音がありますが、DナチュラルマイナーはC

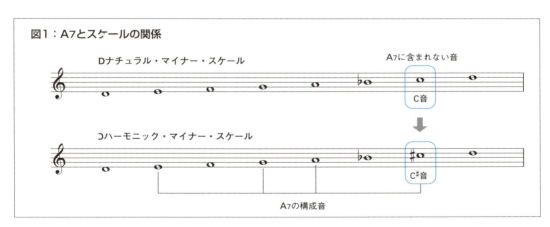

図1：A7とスケールの関係

音です。コードに適合させるためには、C♯音に変える必要があります。そうすると、Dナチュラル・マイナー・スケールがDハーモニック・マイナー・スケールに変わります（P92参照）。するとA7のコード上でバッチリとハマるスケールになるのです。

Dハーモニック・マイナーと同じ構成音のAHmp5↓

Q A7上なのに、Dハーモニック・マイナーを使うというのもややこしいですよね。

A 確かにA○○スケールと呼んだほうがスッキリします。ですからA7で使うスケールはAハーモニック・マイナー・パーフェクト・フィフス・ビロウと呼びましょう。これはDハーモニック・マイナーとまったく同じ構成音です（図2）。

Q 破壊力のあるネーミングですが、長すぎるし、覚えづらい…。

A 省略するとパーフェクト・フィフスや、フィフス・ビロウとか呼ぶことが多いです。譜面などに書く時も大変なので、"Hmp5↓"と省略して書いてもOKです。

Q 実際にソロを弾く時のポジションを教えて下さい。

A 6弦ルートのA7フォームと同じポジションの図3が覚えやすいでしょう。

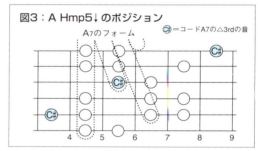

図3：A Hmp5↓のポジション

図2：Dハーモニック・マイナー = A Hmp5↓

Lesson 3-4 まとめ

- マイナー・コードに向かうセカンダリー・ドミナントではHmp5↓スケールを使用
- Dハーモニック・マイナー・スケールとAHmp5↓スケールは、まったく同じ構成音

STEP 3 理論学習エクササイズ

セカンダリー・ドミナントのA7でAHmp5↓の練習

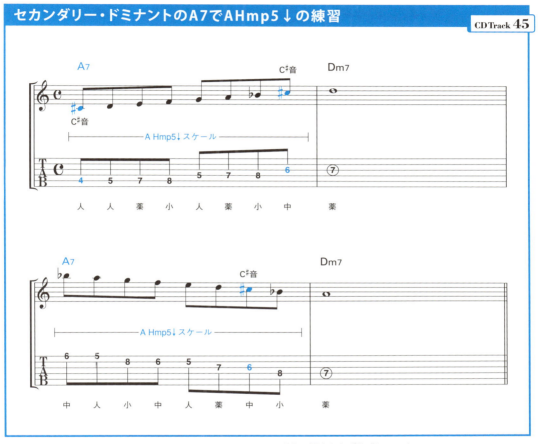

次のDm7の構成音に向かって弾くとうまくハマるでしょう。コードとの響きも必ず体感して下さい。

攻略ポイント

- C♯音がどこにあるか意識しよう
- 次のDm7コードに着地する意識をもってプレイ
- ピッキングはすべてオルタネイト・ピッキング

Column 3 : 3種類のマイナー・スケールの構造

マイナー・キーでは、ナチュラル・マイナー・スケール、ハーモニック・マイナー・スケール、メロディック・マイナー・スケールの3種類のマイナー・スケールを使うことができます。これら3つのスケールの相違点を見つけて、丸暗記せず身につけましょう。

● ナチュラル・マイナー・スケールの確認

まずは、一番基本のナチュラル・マイナー・スケールを確認しましょう(図1)。ナチュラル・マイナー・スケールはメジャー・スケールの3番目、6番目、7番目の音が半音下がり、インターバルが全・半・全・全・半・全・全になっています。

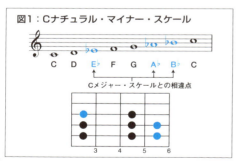

● ハーモニック・マイナー・スケールの確認

では、次にハーモニック・マイナー・スケールです(図2)。ナチュラル・マイナー・スケールの7番目の音が半音上がります。これだけです(笑)。

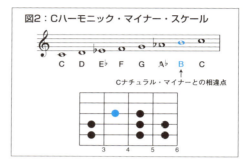

● メロディック・マイナー・スケールの確認

メロディック・マイナーは、ハーモニック・マイナーの6番目の音が半音上がります(図3)。ちなみに、3番目の音が半音上がれば、完全にメジャー・スケールです。

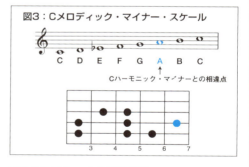

● 3つのスケールの使用傾向

ナチュラル・マイナーは、あらゆるジャンルで使われます。ハーモニック・マイナーはクラシカルな響きの音楽で威力を発揮します。メロディック・マイナーは、ジャズやフュージョン、ボサ・ノヴァなど、アダルトなテイストが欲しい時に使うと良いでしょう。

スケールの仕組み 第3章

Cナチュラル・マイナー・スケールの確認譜例

Cハーモニック・マイナー・スケールの確認譜例

Cメロディック・マイナー・スケールの確認譜例

Column 4 民族音楽系のスケール

ここでは演歌スケール、沖縄スケール、スパニッシュ・スケールといったスケールについて触れていきます。

どこかで耳にしたことのあるサウンドなので、余興などでポロっと弾いてみると良い反応が得られますよ！

●演歌にマッチするヨナ抜き音階

一般の曲と同様に、演歌でもメジャー系とマイナー系のスケールが使われます。明るい曲の演歌ではメジャー・ペンタトニック・スケールがマッチします。メジャー・ペンタはメジャー・スケールの4番目と7番目の音を抜いた"ヨナ抜き音階"の一種だったことを思い出して下さい。

そして、暗い曲の場合にはマイナー・ペンタトニック・スケールも普通に使われていますが、もうひとつ演歌によくハマるスケールが、図1の演歌スケールです。こちらは、マイナー・スケールの4番目と7番目の音を抜いています。つまり、演歌スケールも"ヨナ抜き音階"の一種なのです。

図1：演歌スケールの構造

ここで整理してみましょう。メジャー・キーではメジャー・ペンタ、マイナーキーでは演歌スケールと、演歌ではふたつのヨナ抜き音階が使えることになります。

メジャー・スケールとマイナー・スケールに平行調の関係があったように、演歌でも似たような関係があるわけです。

●演歌スケールのポジション例

演歌スケールはインターバルがかなり独特なので、ギターだとちょっと弾きづらいですね。図2は比較的弾きやすいと思いますので、まずはこれを覚えて下さい。

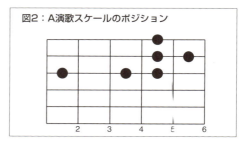

図2：A演歌スケールのポジション

●沖縄スケールの背景

これも、なかなか面白いスケールです。J-POPシーンで「島唄」が流行ったこともあって、沖縄の音階や楽器がかなりポピュラーになりましたよね。

それまでは、土着的な民謡のイメージが濃かったですが、ポップス系のミュージシャンも積極的に沖縄の音楽を取り入れたりして、

スケールの仕組み 第3章

敷居が変化した感じがありました。正しくは琉球音階と呼ばれる伝統的なスケールです。

● 沖縄スケールの構造

沖縄スケールは、メジャー・スケールから2番目、6番目を抜いた"二六抜き"スケールです。図3のC沖縄スケールで見てみると、Cメジャー・スケールから2番目、6番目のレとラを抜きます。ド・ミ・ファ・ソ・シというのがこのスケールです。演歌スケール同様、ちゃんと5音音階になっているんですね。

ちなみに、5音構成の音階というのは、人間が歌う時にもっとも歌いやすい音の数と言われています。ですから、ブルースのペンタをはじめ、演歌スケール、沖縄スケールなど、世界中で使用されているのでしょう。

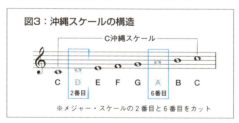
図3：沖縄スケールの構造

● 沖縄スケールのポジション例

C沖縄スケールでしたら、開放弦を入れるパターンと、開放弦なしのパターンを弾いてみると良いでしょう（図4）。スケールを順番に弾いただけでも、沖縄感満載です。

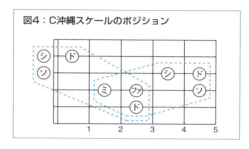
図4：C沖縄スケールのポジション

● スパニッシュ・スケールについて

スパニッシュ8ノート・スケールとも呼ばれる8音構成のスケールです（図5）。D♭音とE音（♭9thと△3th）が明るいような暗いような、情熱的な雰囲気でを作っています。

図6はポジション図です。8音もあるので、開放弦を混ぜて押弦を節約したほうが良いでしょう。

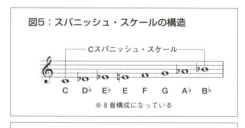
図5：スパニッシュ・スケールの構造

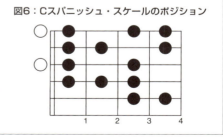
図6：Cスパニッシュ・スケールのポジション

A 演歌スケールの確認譜例

C 沖縄スケールの確認譜例

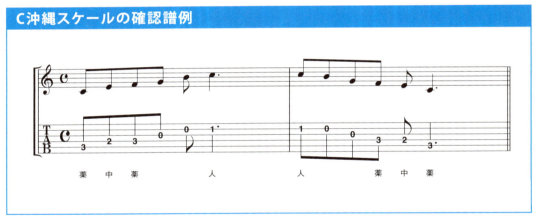

C スパニッシュ・スケールの確認譜例

ブルースの仕組み

伝統的な西洋の音楽理論とは異なる考え方を持つブルース。
理論よりも感性が重視される感じもありますが、音使いにはハッキリとした傾向があります。
本章はその傾向について解説していきます。

Lesson 4-1 ブルースのコード進行とソロでの音使い

STEP 1 仮想シチュエーション

ミュージシャン仲間のギタリストBさんとセッションをすることになったAさん。気楽に考えていたが、まさかの展開に…。

B：Aさん、セッションなんで、手始めに3コードのブルースをやりませんか？

A：え！ ブルース？

B：3コードなら、ほかのメンバーも譜面なしでできるので。

A：でも僕、まともにブルースをやったことがないんですよ。

B：大丈夫ですって！ 使うコードは3つだし。気楽にやりましょう。じゃあKey=Aで。

A：Key=Aですね（と言ってAメジャー・スケールでプレイ…）。

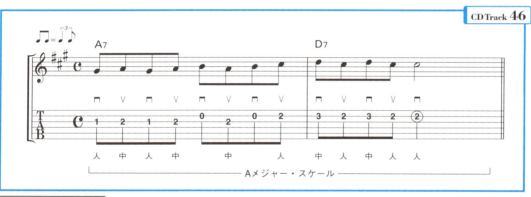

理論がわからない人のプレイ　Aメジャー・スケールで弾いたが、まったくブルースっぽくない。

理論がわかる人のプレイ　ブルース特有のコード進行や音使いを理解した上でフレーズを組み立てている。

STEP 2 理論解説

フィーリングや雰囲気重視のブルースですが、理論的に考えることも必要です。伝統的な西洋音楽との相違点を攻めてみると、ブルースがより身近になるでしょう。

12小節進行＆3種類のコードがブルースのコード進行の基本形

Q ブルースはどんな音楽構造なんですか？

A ブルースは12小節進行で、使用するコードは3種類が基本です（図1）。これを3コードと言います。コードが少ないので、セッションでは必ずと言っていい程、この形で演奏します。

Q 12小節って、あんまり馴染みがないような…。

A そうですね。近年の音楽は、4小節、8小節、16小節、32小節の単位が普通です。これは日本の音楽だけではなく、世界的にもこの流れが主流です。ブルースだけは12小節で一区切りするという、独特の間合いと言うか、周期があります。

Q 7thコードしかありませんが、これもブルースの特徴ですか？

A そうなんです。これがブルースというジャンルの不思議なところで、A7、D7、E7とすべて7thコードなんです。

西洋音楽はダイアトニック・コードを主軸に考え、トニックはIかI△7が基本ですよね。でも、ブルースはI7になっていて、いきなり理論的なセオリーを覆しています。

Q なぜ、そんな型破りなことが問題ないんですか？

A 西洋音楽は理論に基づき発展してきましたが、ブルースは土着的な労働歌として発展してきたので、音楽理論に当てはまらないことが多いのです。それでも、感情的な起伏や、フィーリングなど聴感上の問題がないので、

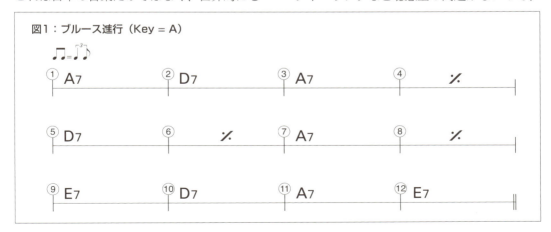

図1：ブルース進行（Key = A）

I7を使用するのがアリになっています。

ブルースは、メジャー・キーで
メジャー・スケール禁止？

Q 何でKey=AでAメジャー・スケールがマッチしないんですか？

A ここがポイントです。通常の音楽理論ならKey=AでAメジャー・スケールがバッチリハマります。でも、ブルースの場合はコードがA7なので音のぶつかりに注意が必要です。

Aメジャー・スケールの7番目はG♯音ですが、A7の7th音はG音です。このふたつを同時に鳴らしてしまうと、非常に気持ち悪い響きになります（図2）。

Q Aメジャー・スケールは完全に使えないのでしょうか？

A A7の7thとぶつかるG♯音（△7th音）を抜けばOKです。また、A7の△3rd音と半音の関係にある11thも抜いたほうが良いでしょう。そうすると、この形はAメジャー・ペンタになるわけですね（図3）。

メジャー・キーなのに
マイナー・ペンタが使える？

Q でも、ブルースってマイナー・スケール的な音使いもありますよね？

A 実は、Key=AでAマイナー・ペンタも使えます。実際にミュージシャンたちもAマイナー・ペンタと言っていますが、正確ではありません。Key=Aで使用する場合は、Aブルー

図2：Aメジャー・スケールが使えない理由

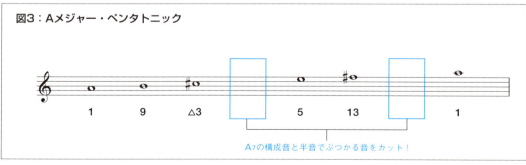

図3：Aメジャー・ペンタトニック

ス・ペンタトニック・スケールと言います。これはブルース・スケールからの派生スケールなんです。

Q 何か話が複雑ですね。
A そんなことはありませんよ。ブルース・スケールという音階の中から5音を抽出したものがブルース・ペンタトニック・スケール（≒マイナー・ペンタ）なのです。図4はAブルース・スケールですが、Aマイナー・ペンタに似ていますよね。ですから、Aマイナー・ペンタの形に△3rd音、♭5th音などを付け足したものがブルース・スケールになると考えたほうが覚えやすいでしょう。なお、スケール内にあるm3rd音、♭5th音、m7th音をブルー・ノートと呼び、ブルージィな雰囲気を出すための音です（図4のm3、♭5、m7）。

Q でも、Aマイナー・ペンタの形だとm3rdを弾いてますよね？
A コードがメジャーの時に、m3rdを弾くのは理論的にNG。ですが、これはあくまでも西洋音楽の考え方です。先ほども言ったようにブルースは西洋音楽と違った進化をしているので、m3rdがアリなんです。

Q ちなみに、図5の記号を譜面の左上で見かけることがあるのですが？
A これはシャッフル・マークと言って、ハネて弾くという意味です。軽くハネたり、重くハネたりといろいろあるので、そこは聴感上や、現場対応になります。

図4：Aブルース・スケールのポジション

※色付きのポジション＝Aマイナー・ペンタ

図5：シャッフル・マーク

 譜面上の8分音符を♪のリズムで弾くという意味

Lesson 4-1 まとめ
- 12小節単位で演奏される
- 3コードが基本で、3つとも7thコード
- メジャー＆マイナー・ペンタともに使用可能

STEP 3 理論学習エクササイズ

ブルースの感覚を定着させるためのエクササイズ

CD Track 48

ブルースの仕組み 第4章

12小節で1コーラスとなる感覚、コード進行、メロディの音使いを体感していきましょう。

攻略ポイント

- ベース音はモノトニック奏法でプレイ
- ベース音でコードの流れを把握
- 12小節をくり返し、頭と身体で把握

Column 6 ジャズ・ブルースのコード進行と特長

　ジャズ・ブルースの場合、いわゆる"ツー・ファイヴ"という進行を入れて、よりコードの流れが強くなっているのが特長です。

　例えば、下譜例4小節目（Em7-A7）のツー・ファイヴは5小節目のD7をトニックと考えて、一時的にKey=Dになっています。

　次に8小節目（C#m7(b5)-F#7）のツー・ファイヴは9小節目のBm7をトニックとした流れで、一時的にKey=Bmになっています。

　そして、9〜10小節目（Bm7-E7）は11小節目のA7(13)をトニックとしたツー・ファイヴが入っています。

　ツー・ファイヴ以外にも6小節目にD#dimがあったり、11〜12小節目で4度進行の定番パ

ジャズ・ブルースのコード進行（12小節）　CD Track 49

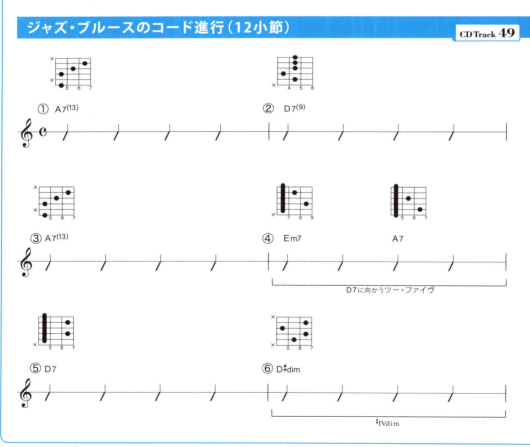

ターンがあったりと、だいぶ3コードから変化しています。

理論的に理解することも大切ですが、まずはこのパターンを覚えてしまうのが吉なので、くり返し何度も弾いてみて下さい。A7(13)とD7(9)の押弦は、次ページのダイアグラムを参考に。

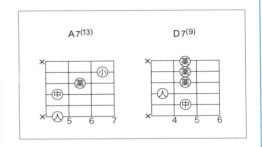

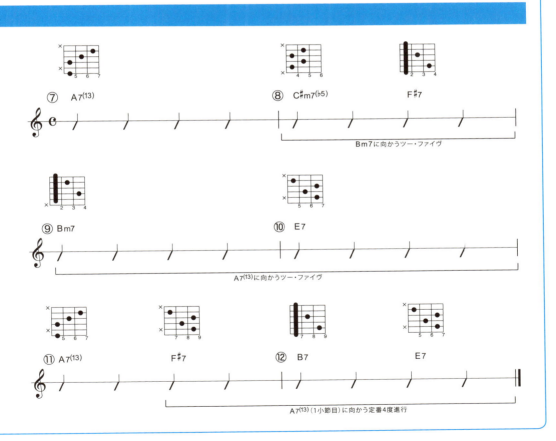

Column 7 イントロ&アウトロ・ネタの紹介

12小節のブルース進行（key=A）にピッタリのイントロ・ネタ、アウトロ・ネタを紹介します。イントロ・ネタは、"イントロ・ネタ→12小節のブルース進行"という順番で弾きます。アウトロ・ネタの譜例は、12小節のブルース進行の9～12小節目になっています。

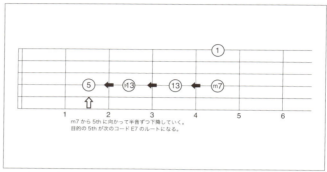

m7th音から次のコードのE音に向かって半音ずつ降下するパターンです。図で視覚的にとらえておきましょう。

イントロ・ネタ　CD Track 50

アウトロ・ネタ　CD Track 51

トニック・コードの半音上のコードを付け足す♭II♭7

付録

コード進行ネタ64

最後にコード進行ネタを紹介します。
細かい理屈はさておき、まずは丸暗記してしまうのがオススメです。
各ネタをフレーズを身体に染み込ませてから、
理論分析したほうが応用も利くようになります。

Ⅰ からスタートする進行

CD Track **52**

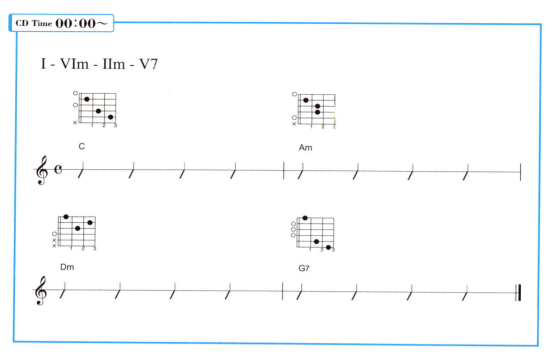

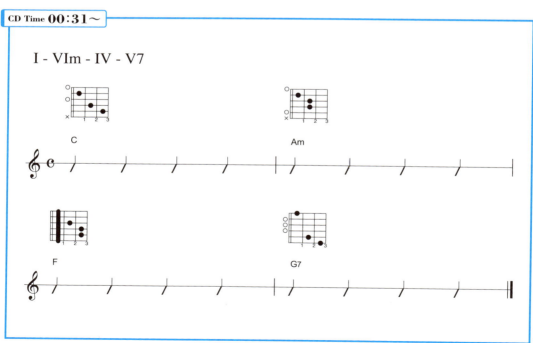

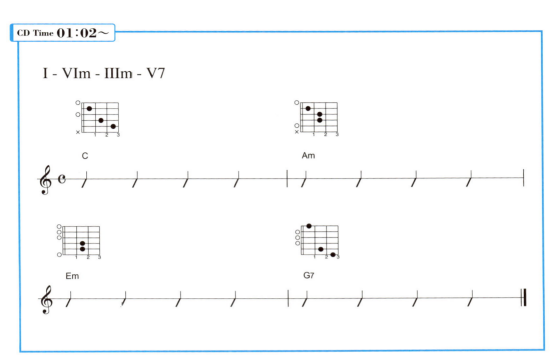
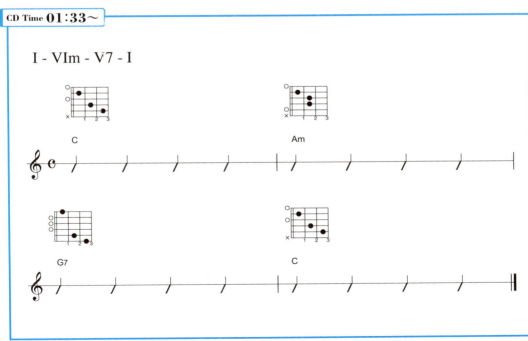

I からスタートする進行

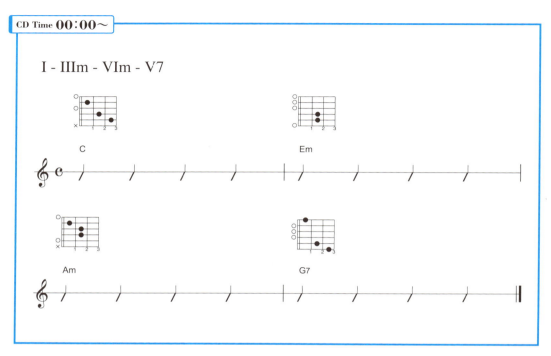

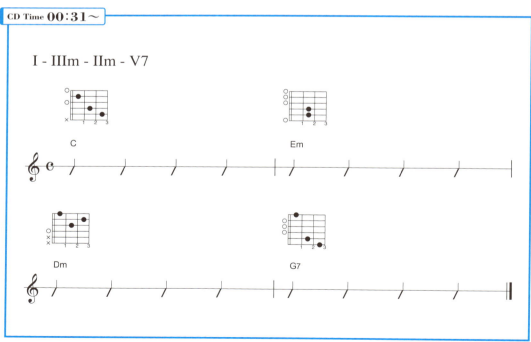

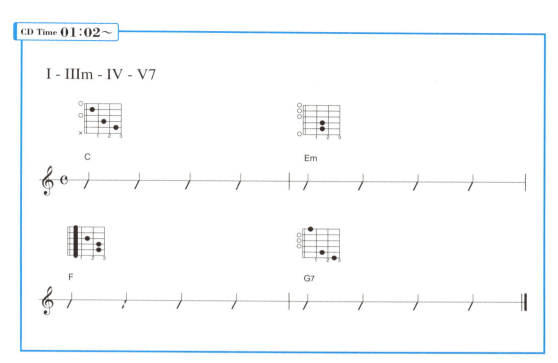

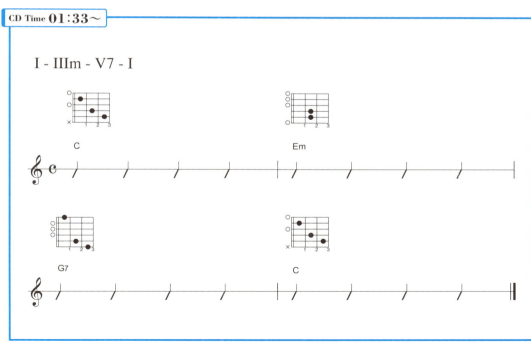

Ⅰからスタートする進行

CD Track 54

CD Time 00:00〜

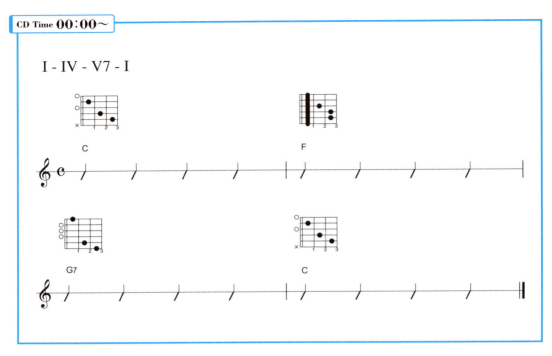

CD Time 00:31〜

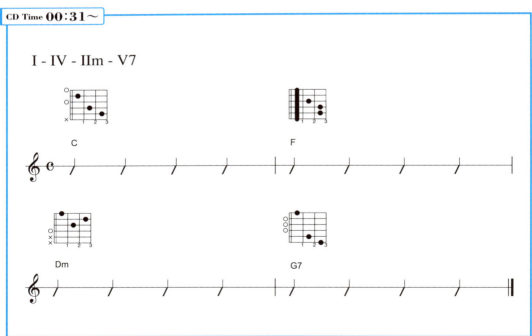

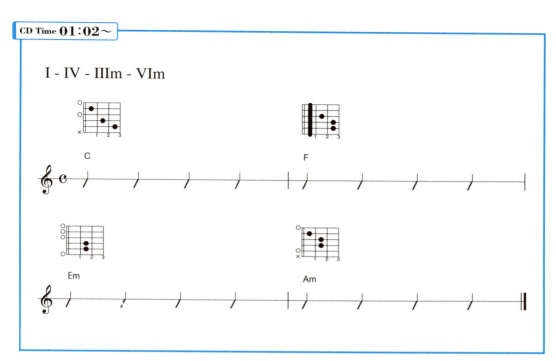

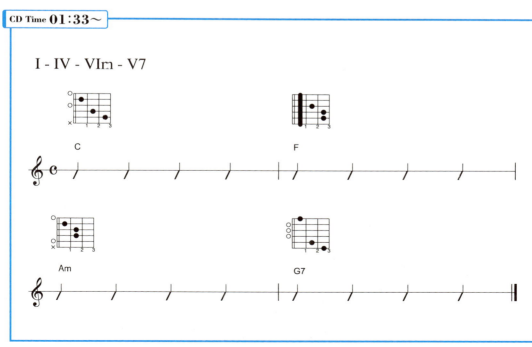

Ⅰからスタートする進行

CD Track 55

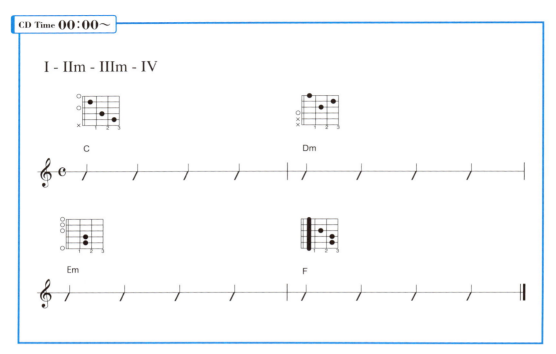

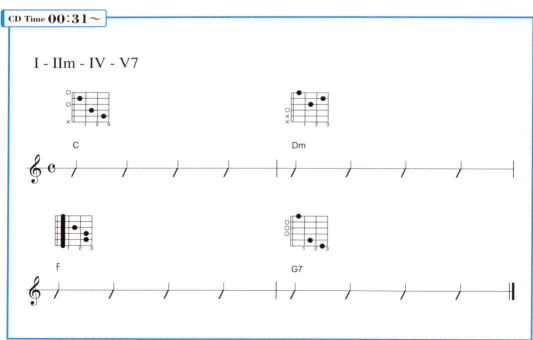

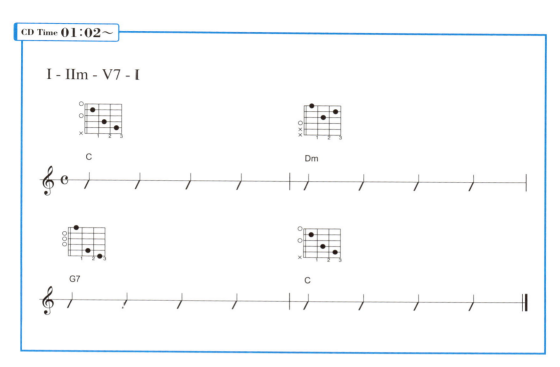

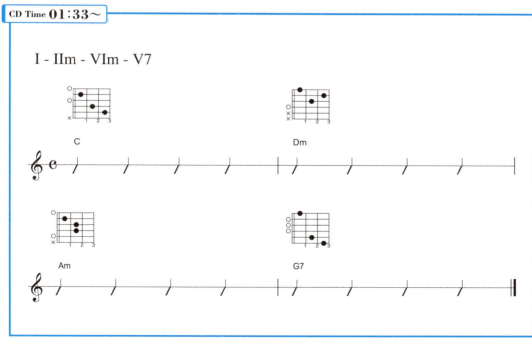

Ⅰからスタートする進行

CD Track 56

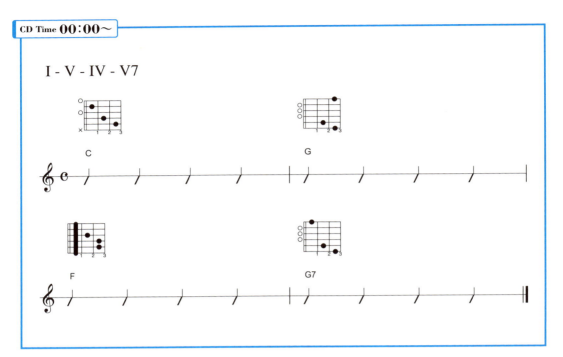

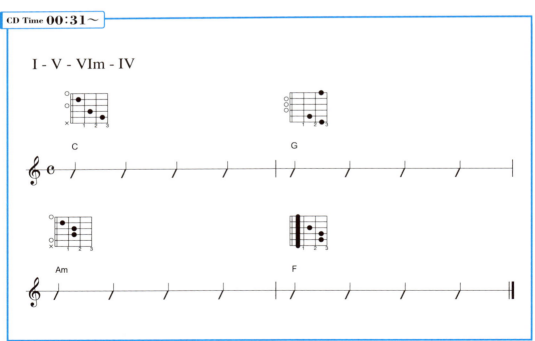

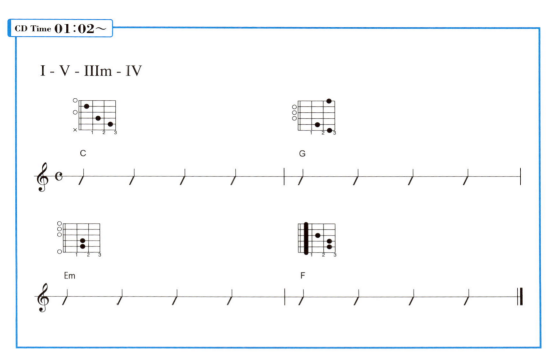

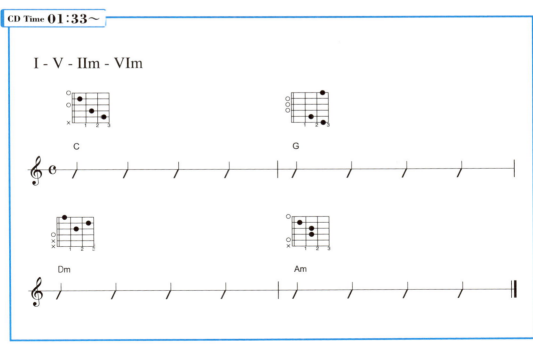

Ⅳからスタートする進行

CD Track 57

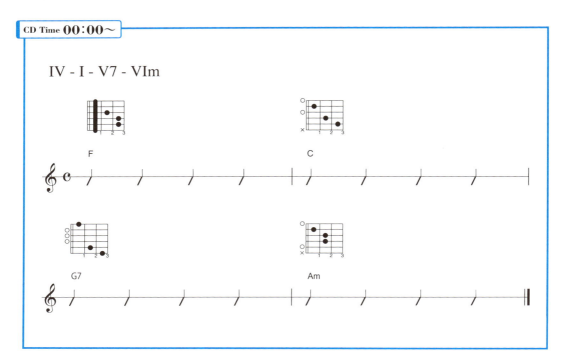

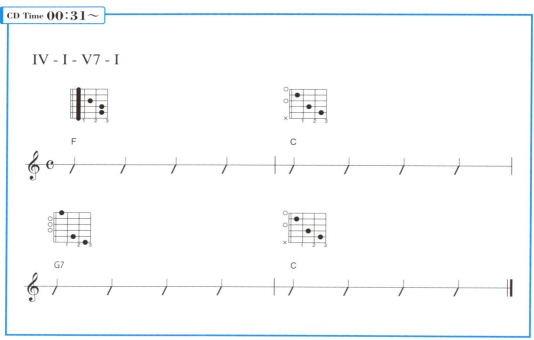

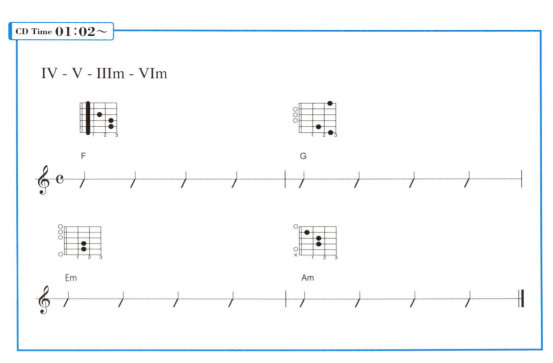

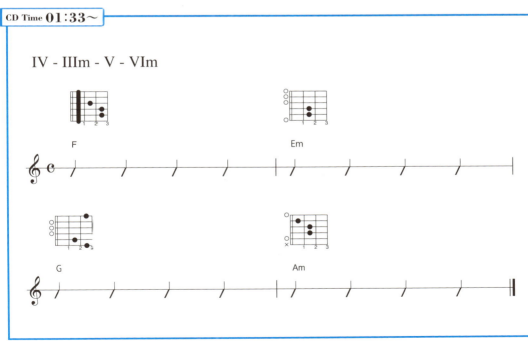

Ⅳからスタートする進行

CD Track **58**

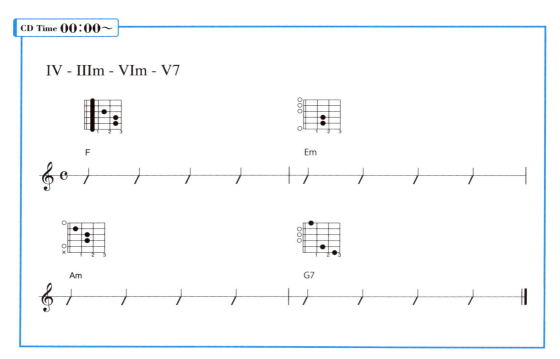

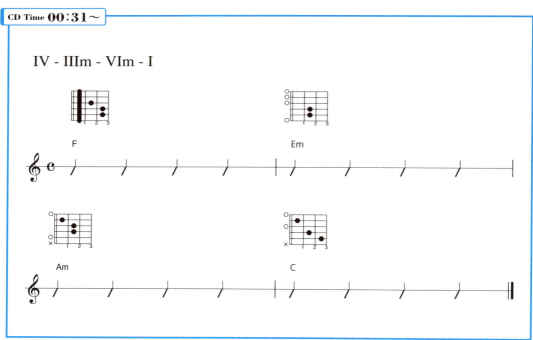

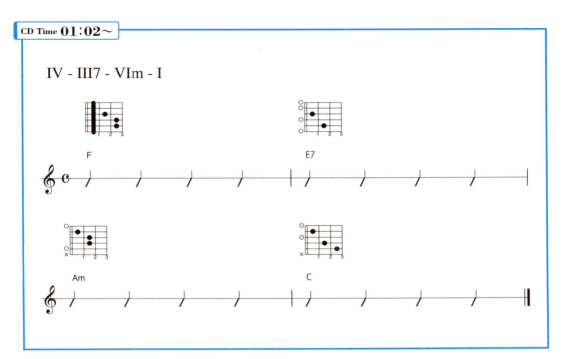

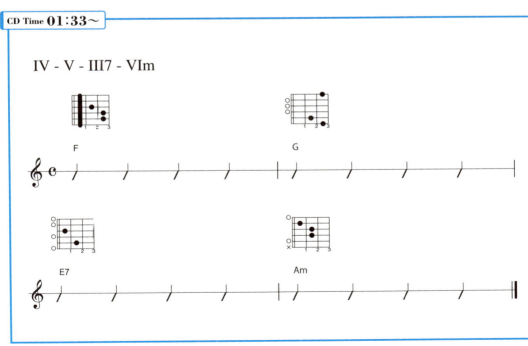

IIm からスタートする進行

CD Track **59**

CD Time 00:00〜

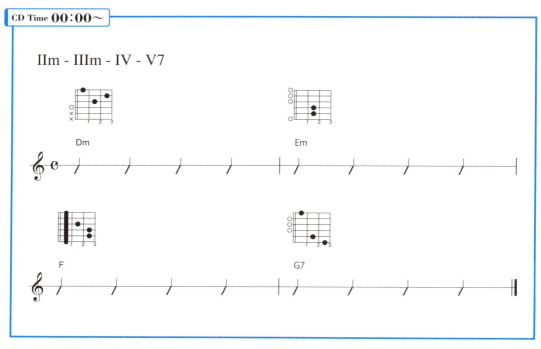

CD Time 00:31〜

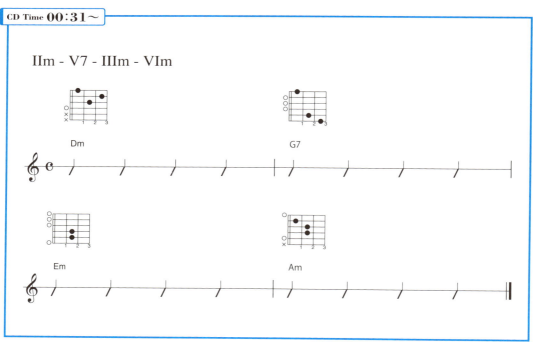

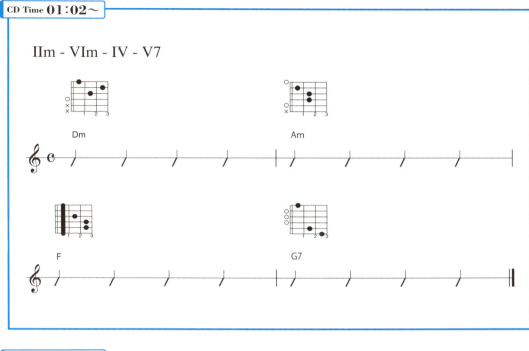

IIIm からスタートする進行

CD Track 60

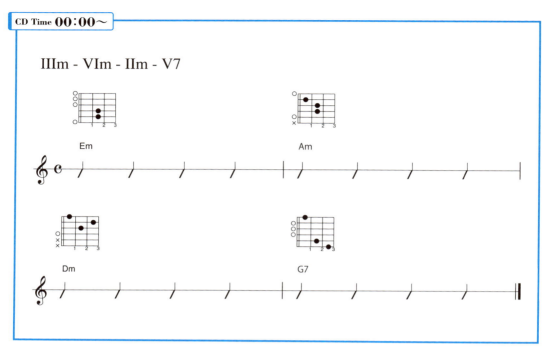

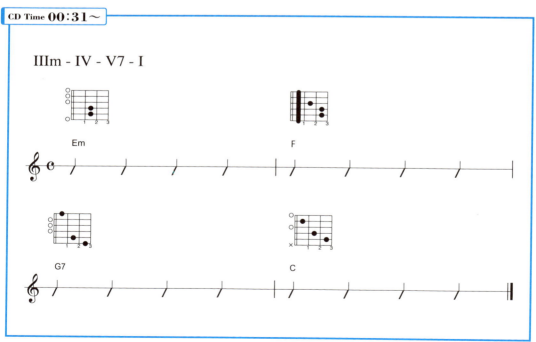

コード進行ネタ64 付録

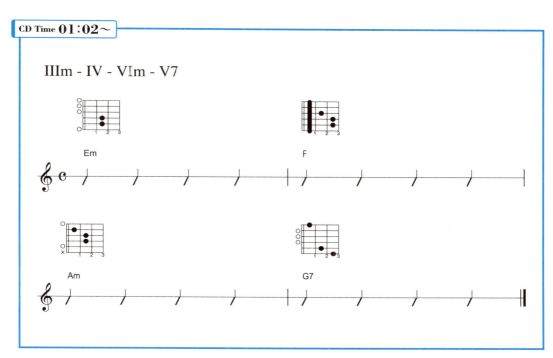

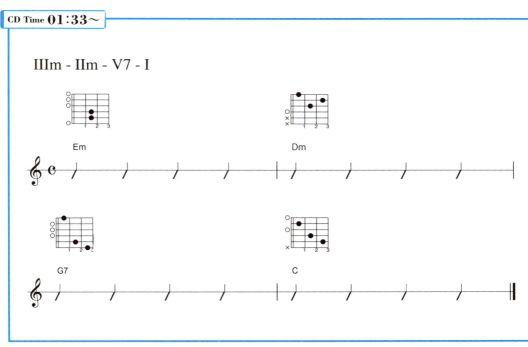

125

VIm からスタートする進行

CD Track 61

CD Time 00:00〜

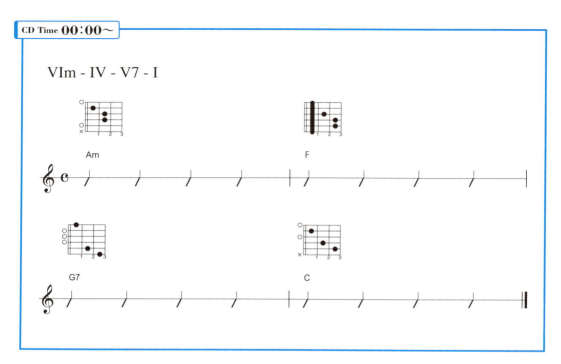

CD Time 00:31〜

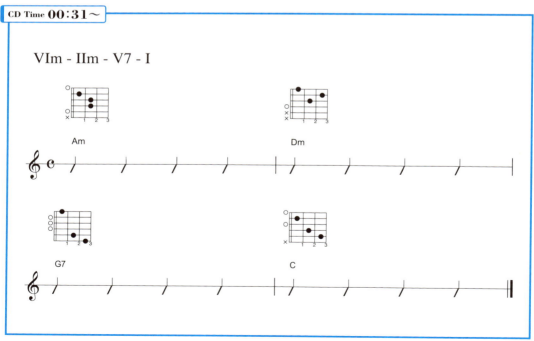

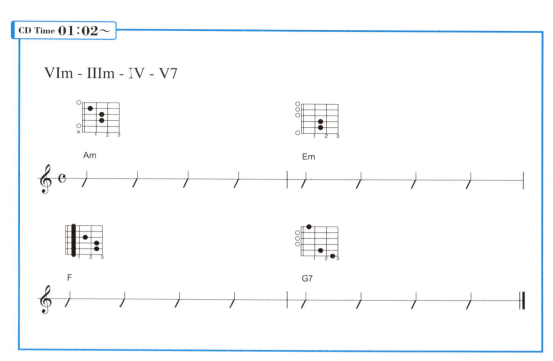

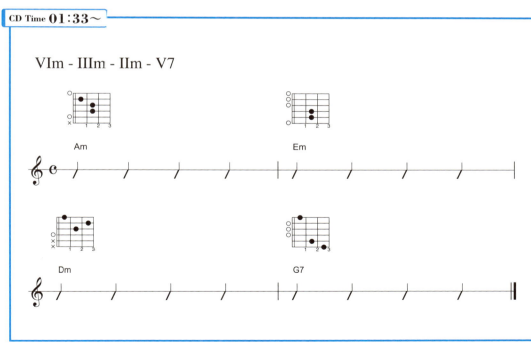

IVmを使った進行

CD Track 62

CD Time 00:00〜

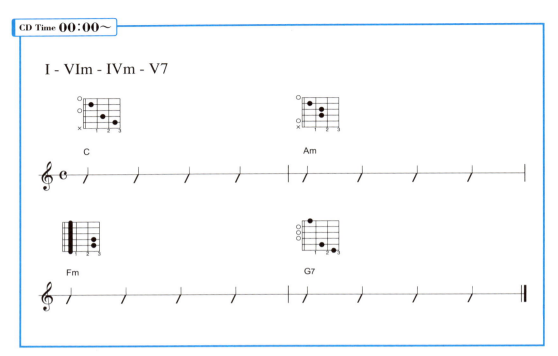

CD Time 00:31〜

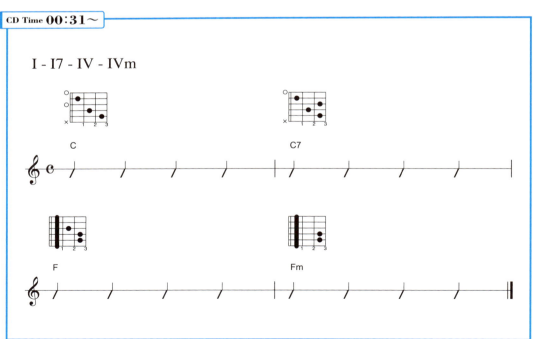

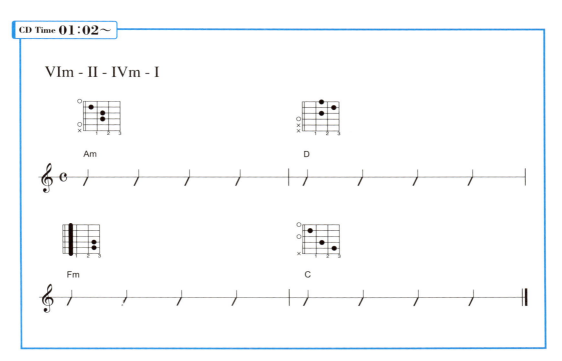

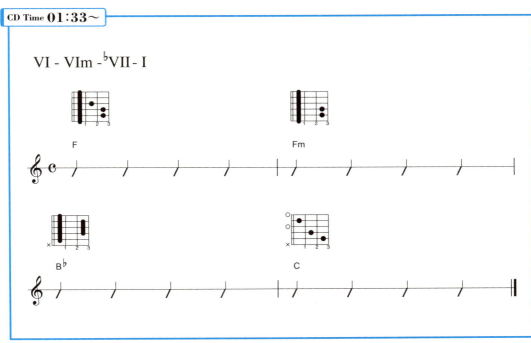

分数コードを使った進行

CD Track 63

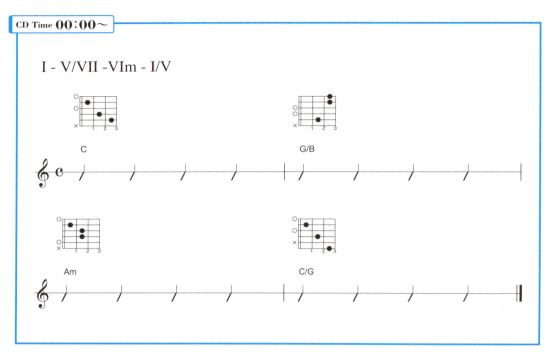

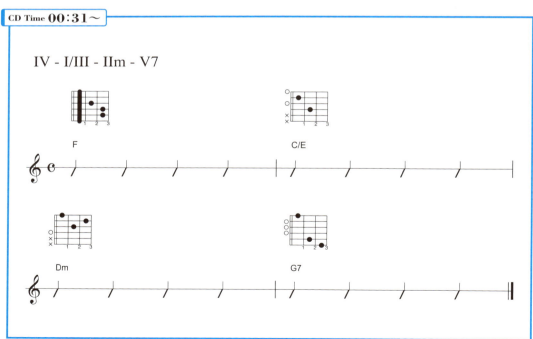

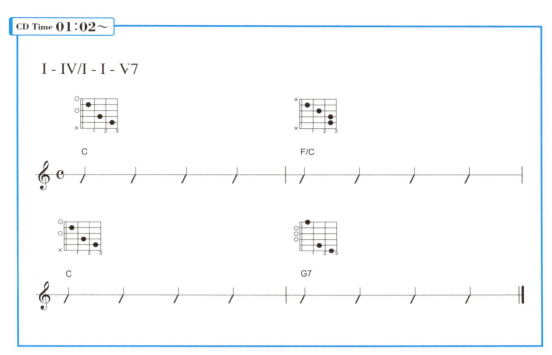

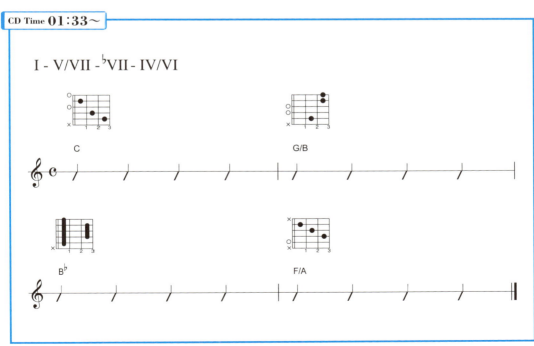

分数コードを使った進行

CD Track **64**

CD Time 00:00〜

IIm - IIm/I - V/VII - V7

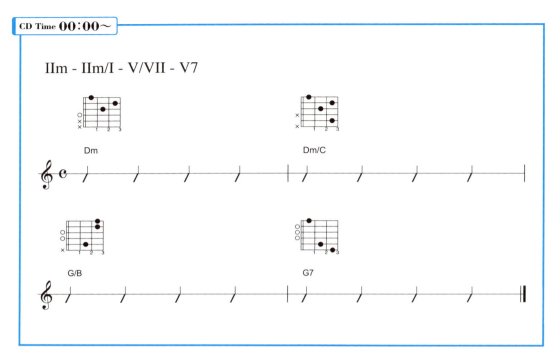

CD Time 00:31〜

IV - IV/V - Isus4 - I

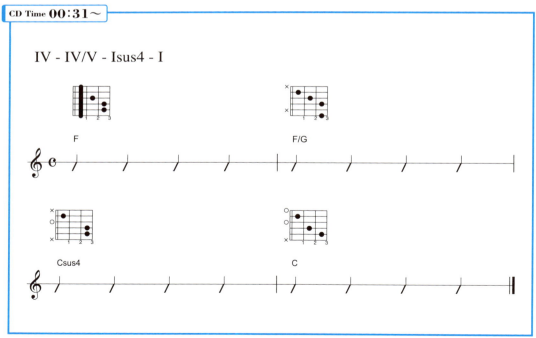

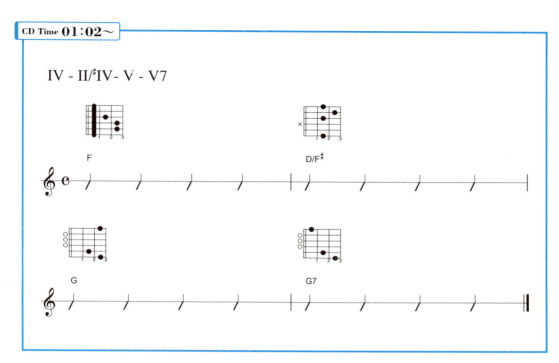

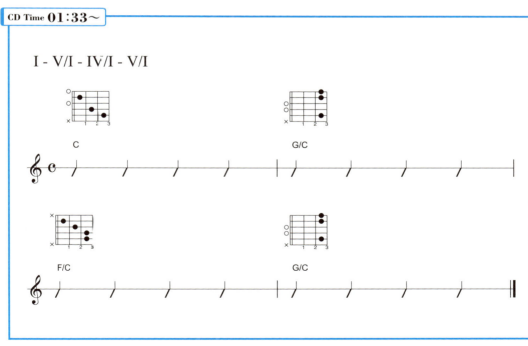

クリシェを使った進行

CD Track **65**

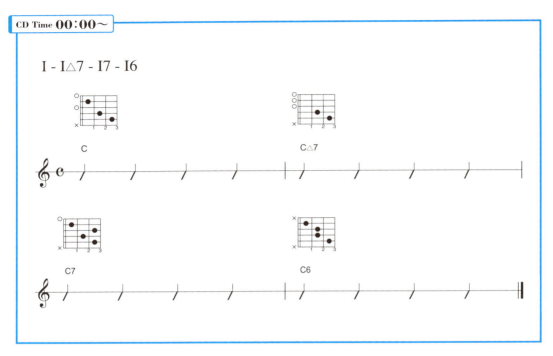

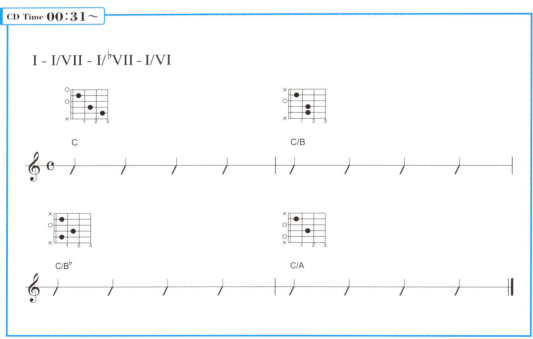

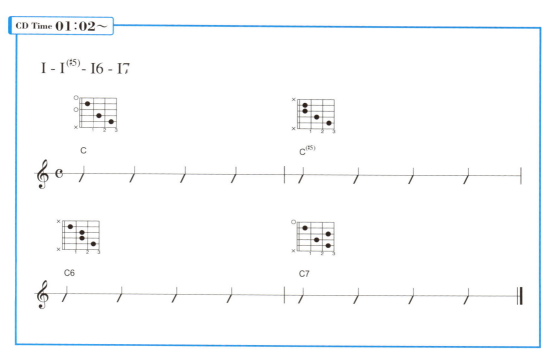

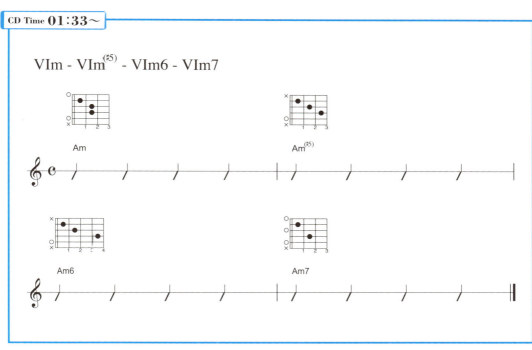

そのほかの進行

CD Track 66

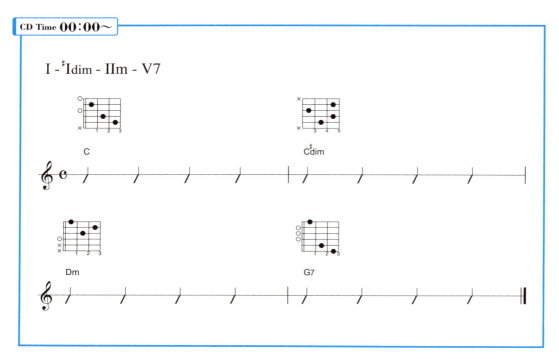

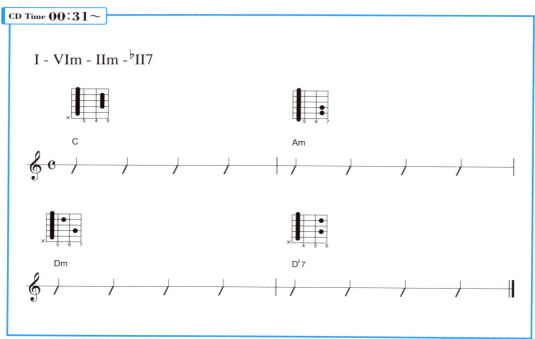

メジャー・スケールの ダイアトニック・コード一覧

I△7	IIm7	IIIm7	IV△7	V7	VIm7	VIIm7(♭5)
C△7	Dm7	Em7	F△7	G7	Am7	Bm7(♭5)
D♭△7	E♭m7	Fm7	G♭△7	A♭7	B♭m7	Cm7(♭5)
D△7	Em7	F♯m7	G△7	A7	Bm7	C♯m7(♭5)
E♭△7	Fm7	Gm7	A♭△7	B♭7	Cm7	Dm7(♭5)
E△7	F♯m7	G♯m7	A△7	B7	C♯m7	D♯m7(♭5)
F△7	Gm7	Am7	B♭△7	C7	Dm7	Em7(♭5)
G♭△7	A♭m7	B♭m7	C△7	D♭7	E♭m7	Fm7(♭5)
G△7	Am7	Bm7	C△7	D7	Em7	F♯m7(♭5)
A♭△7	B♭m7	Cm7	D♭△7	E♭7	Fm7	Gm7(♭5)
A△7	Bm7	C♯m7	D△7	E7	F♯m7	G♯m7(♭5)
B♭△7	Cm7	Dm7	E♭△7	F7	Gm7	Am7(♭5)
B△7	C♯m7	D♯m7	E△7	F♯7	G♯m7	A♯m7(♭5)

マイナー・キーのコード進行

CD Track **67**

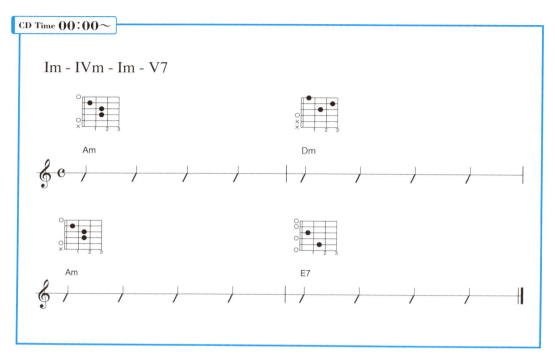

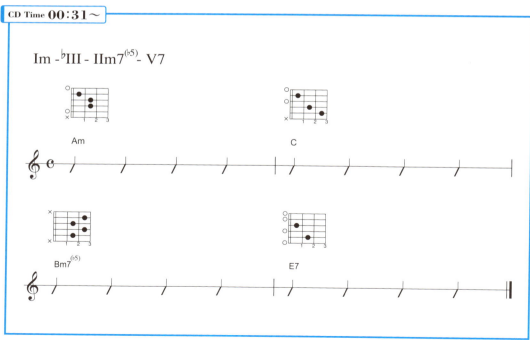

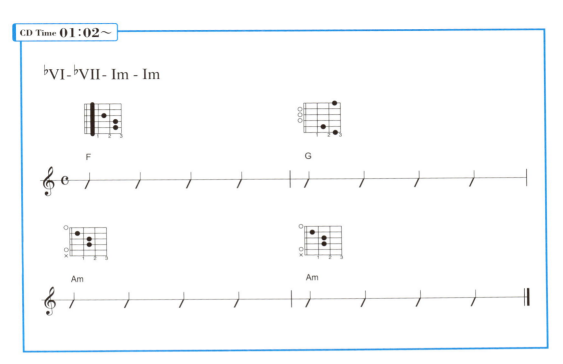

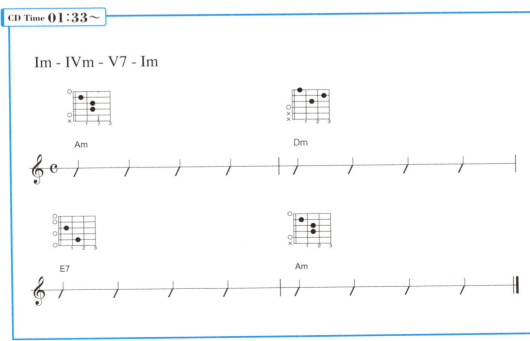

マイナー・キーのコード進行

CD Track **68**

CD Time 00:00〜

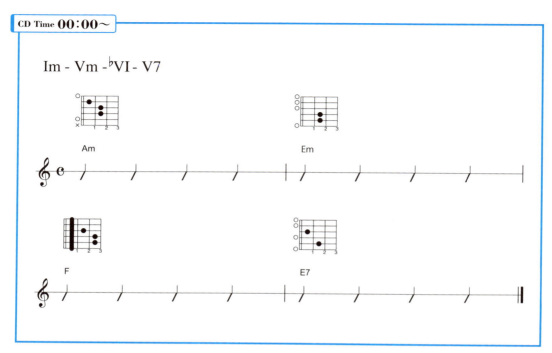

CD Time 00:31〜

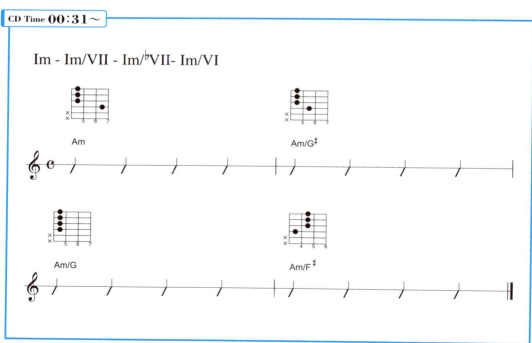

ナチュラル・マイナー・スケールの ダイアトニック・コード一覧

Im7	IIm7(♭5)	♭III△7	IVm7	Vm7	♭VI△7	♭VII7
Cm7	Dm7(♭5)	E♭△7	Fm7	Gm7	A♭△7	B♭7
D♭m7	E♭m7(♭5)	F△7	G♭m7	A♭m7	A△7	B7
Dm7	Em7(♭5)	F△7	Gm7	Am7	B♭△7	C7
E♭m7	Fm7(♭5)	G♭△7	A♭m7	B♭m7	B△7	D♭7
Em7	F♯m7(♭5)	G△7	Am7	Bm7	C△7	D7
Fm7	Gm7(♭5)	A♭△7	B♭m7	Cm7	D♭△7	E♭7
G♭m7	A♭m7(♭5)	A△7	Bm7	D♭m7	D△7	E7
Gm7	Am7(♭5)	B♭△7	Cm7	Dm7	E♭△7	F7
A♭m7	B♭m7(♭5)	B△7	D♭m7	E♭m7	E△7	G♭7
Am7	Bm7(♭5)	C△7	Dm7	Em7	F△7	G7
B♭m7	Cm7(♭5)	D♭△7	E♭m7	Fm7	G♭△7	A♭7
Bm7	C♯m7(♭5)	D△7	Em7	F♯m7	G△7	A7

■著者紹介

野村大輔（のむら・だいすけ）
Daisuke Nomura

　エレキギター、アコースティックギターのどちらも得意とし、歌の良さを引き出し曲に溶け込むようなギターアレンジを得意としている。また、幅広いジャンルをカバーしつつも、ブルースをベースにしたプレイスタイルを持ち味としたギタリスト。

　15歳からビートルズに憧れアコースティックギターをき始め、その後ジミ・ヘンドリックス、エリック・クラプトンなどに影響を受け、エレキギターを弾くようになる。

　さまざまなバンド活動をしながら10代でギター講師の仕事を開始し、現在ではレコーディングサポート、ライブサポート、作曲、編曲、プロダクトスペシャリスト、ギター講師、執筆活動など幅広く活動を続けている。

［著者のプライベートレッスンの紹介］
- レッスン場所：東京都台東区上野付近のプライベートスタジオ
- お問い合わせ（メール）：nomura@cup.com
- レッスンについての詳細（WEBサイト）：http://d-nomura.com

初心者にアコギを
教えたいと
思っている人、注目！

できる
ゼロからはじめる
ギター超入門

■著者：野村大輔／オール・カラー／
はじめる前に観るDVD付き

本書著者が執筆した入門書のベストセラー

挫折率が高いと言われる理論書の通読、ご苦労様でした。部分的にしか理解できなくても、理論書を最後まで読むことは凄いことなのです。

さて、本書を読み終えたタフな読者に、最後に提案があります。それは"これからアコギを始めようと思っている人へのレッスン"を検討してほしいということです。ひと昔前は、"ギター＝男性の楽器"というイメージがありましたが、現在は女性も熱心です。老若男女ギタリスト時代に突入しつつあるのかもしれません！

その初心者レッスンの教材として注目してもらいたいのが、『できる　ゼロからはじめるギター超入門』です。初心者を飽きさせないレッスンも得意とする本書著者・野村大輔が、日本一やさしく、親切な解説を目指して制作した超入門書です。人差指1本で曲やコードを弾くなど、著者ならではのアイディアがいっぱい。また、"はじめる前に観るDVD"も付いているので、ポイントを押さえた上で練習に取り組めるのも特徴です。ぜひ、ご検討下さい。プレゼントにも最適！

アコギに必要な音楽理論を
理解→整理→反復の3ステップで身につける本

2016年7月1日　第1版1刷発行
2019年7月1日　第1版2刷発行
定価(本体2,000円＋税)
ISBN978-4-8456-2819-3

●著者・演奏
野村大輔

●発行所
株式会社リットーミュージック
〒101-0051 東京都千代田区神田神保町一丁目105番地
https://wwws.rittor-music.co.jp/

【乱丁・落丁などのお問い合わせ】
TEL：03-6837-5017／FAX：03-6837-5023
service＠rittor-music.co.jp
受付時間／10:00-12:00、13:00-17:30(土日、祝祭日、年末年始の休業日を除く)
【書店様・販売会社様からのご注文受付】
リットーミュージック受注センター
TEL：048-424-2293　FAX：048-424-2299

【本書の内容に関するお問い合わせ先】
info＠rittor-music.co.jp
本書の内容に関するご質問は、Eメールのみでお受けしております。お送りいただくメールの件名に『アコギに必要な音楽理論を理解→整理→反復の　3ステップで身につける本』と記載してお送りください。ご質問の内容によりましては、しばらく時間をいただくことがございます。なお、電話やFAX、郵便でのご質問、本書記載内容の範囲を超えるご質問につきましてはお答えできませんので、あらかじめご了承ください。

●発行人
松本大輔
●編集人
永島聡一郎
●編集
額賀正幸
●デザイン／DTP
石垣慶一郎(有限会社エルグ)
●写真
星野 俊

©2016 DAISUKE NOMURA
※本誌記事／写真／譜面などの無断転載は固くお断りします。
※分売不可。
RITTOR MUSIC
JULY 2016
PRINTED IN JAPAN

●印刷／製本
凸版印刷株式会社